Sinn-Spuren

Gotthard Fuchs / Irene Leicht

Sinn-Spuren

Inspirationen für ein
erfülltes Leben

Patmos Verlag

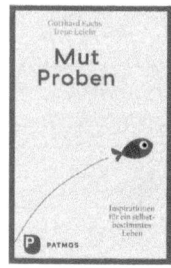

Gotthard Fuchs / Irene Leicht
Mut-Proben
Inspirationen für ein
selbstbestimmtes Leben

Ostfildern 2202²
ISBN 978-3-8436-1324-8

Die Verlagsgruppe Patmos ist sich ihrer Verantwortung
gegenüber unserer Umwelt bewusst. Wir folgen dem Prinzip
der Nachhaltigkeit und streben den Einklang von wirtschaft-
licher Entwicklung, sozialer Sicherheit und Erhaltung unserer
natürlichen Lebensgrundlagen an. Näheres zur Nachhaltigkeits-
strategie der Verlagsgruppe Patmos auf unserer Website
www.verlagsgruppe-patmos.de/nachhaltig-gut-leben

Umschlaggestaltung: Finken & Bumiller, Stuttgart
Satz: Schwabenverlag AG, Ostfildern
Druck: GGP Media GmbH, Pößneck
Hergestellt in Deutschland
ISBN 978-3-8436-1476-4

Inhalt

Einleitung im Dialog

Irene Leicht (IL): „Nimm hin, es ist mein Geist und Sinn, / Herz, Seel und Mut, nimm alles hin":[1] Mit diesem Reim von Paul Gerhardt begann das Vorwort zu unserem Vorgänger-Buch, den Mut-Proben. Auch für die Einleitung in die Sinn-Spuren scheint er mir geeignet. Denn was könnte gemeint sein mit der Hingabe des Sinns?

Lieber Gotthard, dialogisch gehen wir in diesem Büchlein auf eine Spurensuche nach dem Sinn, dem Sinnen und den Sinnen, indem wir Zusammensetzungen von A bis Z betrachten. Begriffe wie Sinneswahrnehmung, Sinnestäuschung, sinnvoll usw., die mit „Sinn" beginnen, berücksichtigen wir, von zwei Ausnahmen abgesehen, nicht, da das den Rahmen sprengen würde. Dem Spür-Sinn, den es für diese Suche braucht, ist natürlich ein eigener Abschnitt gewidmet.

Die Frage nach dem „Sinn" treibt viele um. Gibt es einen Zusammenhang, einen roten Faden, der den Sinn, die Sinne und das Sinnen verbindet? Viel wurde schon darüber nachgedacht und dazu geschrieben. Können wir noch etwas Neues beitragen? Insofern sicher, als dass Sinn bislang noch nicht auf diese Weise betrachtet wurde, in dieser alphabetischen Auffächerung. Doch wie ist es inhaltlich? Da lasse ich nun gerne dir das erste Wort.

Gotthard Fuchs (GF): Schön, dass du mit einem Kirchenlied beginnst. Da kommt so viel Lebenserfahrung zum Ausdruck. „Dass unsere Sinne wir noch brauchen können" – um noch einen Vers von Paul Gerhardt zu zitieren –, ist ja wirklich nicht selbstverständlich, auch für dieses Buchprojekt nicht. Ich möchte also unbedingt mit dem Plural „die Sinne" beginnen, denn das unterscheidet uns vom Engel und vom Tier (und verbindet uns mit ihnen!). Die Corona-Zeit hat vielen die bittere Erfahrung auferlegt, dass auf einmal der Geruchssinn weg war. Schlimmer noch, wer mit Taubheit oder Stummheit fertig werden muss. Ohne Sinne kein Leben! Der Mensch, gewiss das animal rationale, aber eben auch sensuale! Die Sinne sind nicht nur die Einlasstore zum „Eigentlichen", dem Denken oder dem reinen Geist. Nein, sie haben ihre eigene Wahrheit und vermitteln den Kontakt zu dem, was wir Welt nennen. Ohne „Sensoren" geht's nicht. Das spiegelt sich in dem ganzen Potpourri unserer Alphabetisierung: Wie viele Worte es gibt für jene Welt, die wir sinnlich erfahren und die sich sprachlich Ausdruck sucht.

IL: Das Wahr-Nehmen mit allen Sinnen: Im oft hektischen, eng getakteten Alltag kommt das meist zu kurz. Insofern gebe ich dir recht: Das Bewusstsein für die Sinne zu schärfen, ein immer neues Staunen darüber, dass sie uns gegeben sind, hervorzulocken, ihren achtsamen Gebrauch einzuüben – das kann Entschleunigung schaffen und zu mehr Lebendigkeit und Kreativität verhelfen. Einige Abschnitte werden diesen Gedanken vertiefen.

Etwas schwindlig wird mir im Hinblick auf weitere Aspekte unseres Themas: Wie hängen der Sinn [des Lebens] und die Sinne zusammen? Sind diese tatsächlich die „Einlasstore" zum Wesentlichen, wie du schreibst? Da bin ich mir nicht sicher. Noch mehr zu schaffen, macht mir die Fülle an Gedanken und Ideen, die es rund um das Thema Sinn (und Sinnlichkeit) bereits gibt. Auf nur einen sehr kleinen Bruchteil dessen können wir eingehen. Welche Auswahlkriterien haben wir? Was beabsichtigen wir? Kann unser Untertitel hier weiterhelfen? Wir gehen davon aus, dass so etwas wie ein wahres, ein sinn-volles, sinn-erfülltes Leben möglich ist. Dabei orientieren wir uns aufgrund unserer Herkunft, unserer Expertise und unserer Erfahrungen an den biblischen Überlieferungen und besonders am Leben Jesu. Nicht zuletzt wird er sogar der Weg, der Logos, der Sinn genannt, der „Leben in Fülle" verspricht (vgl. Joh 1,1ff, 10,10 und 14,6). Gleichzeitig wissen wir um das falsche, das absurde Leben, um das, was nicht aufgeht und offensichtlich keinen Sinn ergibt. In diesem Spannungsfeld bewegen wir uns.

Im Vorfeld unseres Projektes hast du öfter mal kritisch von „Sinnhuberei" gesprochen. Passt es an dieser Stelle, wenn du erläuterst, was genau du damit meinst?

GF: Ja, es gibt diese etwas panische Sinn-Suche, die die alltägliche Normalität einfach überspringt und immer etwas Tieferes sucht, einen Hinter-Sinn und Tief-Sinn. Vielleicht liegt es an unserem Beruf in Seelsorge und Theologie, dass ich da allergisch bin. Denn wir haben oft mit Krisen- und Grenzsituationen zu tun. Dass da nach dem Warum gefragt wird und nach dem Sinn des Ganzen, ist klar. Aber immer gleich die Letztfragen ins Auge zu fassen, stellt die Würde und Transparenz des Vorletzten in Frage. Ich will beim guten Essen doch nicht nach dem Sinn der Nahrungsaufnahme fragen, sondern schlicht kosten und genießen. „Zum Sehen geboren, zum Schauen bestellt ...", so dichtete Goethe. Ja, ich will nicht gleich nach dem Sinn des Lebens fragen, ich will leben – einfach so und ohne Warum! Also mit allen Sinnen und das heißt, mit Leib und Seele und allem, was dazugehört. Fragt mich einer, warum ich lebe, dann sage ich, mit Meister Eckhart, unverschämt direkt: „weil ich lebe" – und zwar leibhaftig und mit allen Sinnen. Zu diesem prallen Leben will doch auch unser Gesprächsbuch ermuntern und einladen. Bei Arno Geiger lese ich mit Blick auf die Ambivalenz der Wegwerfgesellschaft: „Lebe ich ein erfülltes oder ein angefülltes Leben? Das ist eine Frage, die ruhig öfter gestellt werden dürfte ... Ein bis zum Platzen angefülltes Leben kann niemals ein erfülltes sein."[2] Wir leben in vielfarbigen Zeiten: Auf der einen Seite werden die eigentlichen Sinne in einer virtuellen Cyber-Welt fast vergessen, alles ist künstlich und fiktional oder sogar fake. Auf der anderen sprechen wir vom body-turn in der Therapie- und Konsumgesellschaft. Da kann's gar nicht körperlich und sinnlich genug zugehen. Dabei sind natürlich zunächst die fünf Sinne elementar. Und dazu kommt der sechste (s. „Nahsinne") und der siebte (s. „Außersinnliches"). Jedenfalls geht es uns gemäß dem Untertitel um erfülltes Leben!

„Ja oder Nein: Hat das menschliche Leben einen Sinn? Hat der Mensch eine Bestimmung?"[3] So beginnt lapidar ein großes philosophisches Werk. Bei aller Hochschätzung der einzelnen Sinne drängt sich doch die Frage nach „dem" Sinn „des" Lebens auf – nicht nur in Krisenzeiten oder bei Schicksalsschlägen, sondern grundsätzlich: Was hält die Welt im Innersten zusammen? Dass man vor ca. 250 Jahren anfing, in den vielen Sinnen auch sprachlich nach *dem* Sinn zu fragen, ist ausgesprochen wichtig – und wir gehen darauf auch ausführlich ein (s. „Lebenssinn"). Die berühmten Sinn- und Warum-Fragen liegen auf der Hand – angesichts von idiotischer Gewalttätigkeit und gezielter Zerstörung erst recht. Aber zu denken gibt, dass in der Bibel nicht vom Sinn des Lebens die Rede ist. Da geht es vielmehr um Verheißung und Hoffnung. Wie also hängt das zusammen mit dem Sinn und den Sinnen – und mit dem Letzten und Vorletzten und mit Einheit und Vielfalt? Aber eben das eine nie gegen das andere, sondern beides in Resonanz und Transzendenz!

Deshalb bin ich so gespannt auf deine Ausführung, liebe Irene, warum du die Einlass-Funktion der Sinne in Frage stellst.

IL: „Geh nicht zu Grunde, den Sinn zu ergründen. / Suche du nicht. Dann magst du ihn finden."[4] So endet ein Gedicht von Mascha Kaléko. Ein anderes trägt die Überschrift „Sinn und Unsinn" und lautet: „Du suchst und suchst. Und kannst den Sinn nicht finden. / Gib's auf; denn so wirst du ihn nicht ergründen. / Pfeif dir ein Liedchen, träume vor dich hin, / wie oft enthüllt im Un-Sinn sich der Sinn."[5]

Mich auf Sinn-Suche begeben, die Sinne schärfen, um Sinn zu entdecken oder zu erfahren, zu viel zu beabsichtigen und zu wollen: Bei diesen Bewegungen besteht die Gefahr, dass mein Horizont eng wird, dass ich nicht mehr offen bin für Überraschungen, dass ich in mich selbst verkrümmt bleibe. Das ist ein Grund für meine Skepsis, dass wir mittels der Sinne zum Sinn vordringen könnten. Gleichwohl kann es als sehr sinnvoll erlebt werden, Schönheit in Natur und Kultur wahrzunehmen, schöpferisch tätig zu sein oder in Liebesbeziehungen zu leben.[6] Doch was ist, wenn das Leid monströs wird? Und kann nicht auch ein körperlich schwer beeinträchtigter Mensch, dessen Seh-, Hör-, Geruchs-, Geschmacks- und Tastsinn kaum mehr intakt ist, sinnerfüllt leben? Da driften Sinne und Sinn auseinander. Da bezieht das Ja zum Leben seine Kraft von woanders her. In diesem Zusammenhang sei an Viktor Frankl erinnert.[7] Das „Trotzdem", das er wie Etty Hillesum, Hilde Domin und andere gegen alles Absurde und abgründig Böse in Stellung bringt: Das empfinde ich als lebensdienlich. Eines seiner großen Anliegen war, zu erkunden, wie auch im Leiden noch die Würde gewahrt werden kann und die Kraft zum Weiterleben erhalten bleibt. Das kann vermutlich nur in der Hoffnung gelingen, dass es da einen verborgenen Sinn gibt. Doch das alles bleibt unverfügbar, das kann ich nicht machen. Wenn Verfügbarkeit und Machbarkeit bei der Vorstellung mitschwingen, von den Sinnen zum Sinn zu gelangen: Dann stelle ich das in Frage. In gewisser Weise auch im Anschluss an Hartmut Rosa, der die Unverfügbarkeit im Resonanz-Geschehen betont.[8]

GF: Da stimme ich aus tiefster Überzeugung mit dir überein. Wenn sich in der Frage und Suche nach „dem" Sinn des Lebens der Wille zur Macht versteckt, wird's problematisch. Immer das letzte Wort über alles haben zu wollen, indem wir es als sinnvoll oder sinnlos qualifizieren, empfinde ich als ständige Versuchung. Genauso unbefriedigend sind für mich Haltungen, die sich mit einem letzten Sinn in allem beruhigen, nach dem

Motto „Es gibt keinen Zufall". Dann geht der Mut zum Protest verloren und die Kraft zur Empörung über all das Sinnlose. Deshalb ist mir Albert Camus so lieb: Unermüdlich legt er den Finger auf diese Wunde, dass unsere Sinnfragen auf eine so schrecklich schöne Welt und Geschichte treffen, einfach absurd.

Genau auf dieser Linie wird es für mich dann explizit theologisch. Denn da taucht der Gedanke auf, dass es Gottseidank eine andere Instanz geben könnte, der wir das letzte Wort überlassen dürfen. „Erheben soll sich der Mensch zu Gott und nicht nur zur Sinnhaftigkeit des Lebens."[9] Dieser Satz aus den Gefängnistexten von Alfred Delp geht mir nicht aus dem Sinn. Wenn ich als Christ „Gott" sage, meine ich ein wirkliches und wirkendes Gegen-Über – und nicht einen gesichts- und geschichtslosen letzten Sinn. Das für mich Kostbarste daran: Dieser Gott – zumal wahrgenommen und buchstabiert in der Passionsgeschichte Israels, Jesu und der Menschheit, ja der Erde – ist ein Anwalt des Sinnlosen und Sinnwidrigen. Er oder sie ist im Innersten mitbetroffen und lässt sich in Mitleidenschaft ziehen von allem, was einem Verständnis von Stimmigkeit und Sinn im Wege steht, ob das nun Naturkatastrophen oder Schicksalsschläge sind. Dieser Gott ist nicht das Ganze des Sinnes, der mir einleuchtet – er ist unendlich viel mehr als das Ganze. Sie oder er ist nicht nur die Antwort auf unsere Sinnbedürfnisse. Da stünde doch alles unter Projektionsverdacht mit jeder Menge frommem Wunschdenken! Nein, Gott – das umfasst Sinnvolles und Sinnloses, wie für Christenmenschen besonders die Kreuzes- und Auferstehungsgeschichte aufdeckt und verspricht. Da ist dieses unfassbare, großartige „Trotzdem" Viktor Frankls mitzuhören, das ja ohne den jüdischen Gottesglauben kaum zu verstehen ist. Freilich würde ich viel stärker zwischen „Sinn" und „Gott" unterscheiden, und das hat Konsequenzen bis in den Alltag hinein – bis zur Frage nach Sinn und Unsinn des Gebetes.

IL: Ich merke, dass ich etwas hin- und hergerissen bin bei dieser Frage nach dem Zusammenhang von „Gott" und „Sinn". Paul Tillich und Volker Gerhardt bringen auf eine für mich inspirierende Weise beide zusammen. Tillich befand, ein Kennzeichen der Moderne sei die Angst vor Leere und Sinnlosigkeit. Ausdrücklich konfrontiert er diese Angst mit dem „Trotzdem" des Glaubens, das für ihn auch das „Trotzdem" des Mutes zum Sein ist. „Selbst in den Augenblicken, in denen wir am Sinn verzweifeln, bejaht sich der Sinn durch uns. Der Akt, in dem wir Sinnlosigkeit auf uns nehmen, ist ein sinnvoller Akt: er ist ein Akt des Glaubens. [...] Der Glaube, der den Mut erzeugt, sie [= Schicksal, Schuld, Zweifel und Sinnlosigkeit] in sich hineinzunehmen, hat keinen besonderen Inhalt. Er ist einfach Glaube. Er ist undefinierbar, da alles Definierte durch Zweifel und Sinnlosigkeit aufgelöst ist."[10] Da kann ich gut mit. Da wird ein dunkler, mutiger Glauben oder besser ein Vertrauen beschrieben, das fundamentalistischen Versuchungen widersteht. Anregend finde ich auch den philosophischen Ansatz von Volker Gerhardt, „das Göttliche" als „Sinn des Sinns" zu fassen.[11] Leben bedeutet immer, nicht wissen beziehungsweise „glauben". Und in allem sind wir auf die Welt als Ganzes beziehungsweise als Einheit ausgerichtet, auf einen Sinnhorizont, auf einen Grund. Diesen nennt Gerhardt

„Sinn des Sinns" oder eben „das Göttliche". Am Ende seiner Überlegungen erinnert er an Menschen wie Dietrich Bonhoeffer und Alfred Delp, die für ihren Widerstand gegen die Unmenschlichkeit sogar den Tod auf sich zu nehmen bereit waren und die durch alle Verzweiflung hindurch doch auf ein Ganzes hofften, auf einen Sinn. Solche, die sich als Personen begreifen und sich nicht aufgeben, aber auch nicht überschätzen, haben „guten Grund, im Göttlichen an Gott zu glauben".[12] So ist der Bogen zurückgeschlagen zu deiner Unterscheidung von „Gott" und „Sinn".

Eberhard Jüngel formuliert diese Unterscheidung steil theologisch. Sinn ist für ihn eine anthropozentrische Kategorie. Der Mensch postuliert Sinn, konstituiert Sinn und fragt, was sinnvoll für den Menschen ist und wie die Welt oder gar Gott vor dem Menschen bestehen kann. Damit kontrastiert Jüngel Luthers Frage nach einem gnädigen Gott, mit anderen Worten also, wie der Mensch vor Gott bestehen kann. Eine radikale und tiefe Abhängigkeit des Menschen und der Welt von der Zuwendung Gottes wird so zum Ausdruck gebracht, angesichts derer der Mensch von sich aus nichts auszurichten vermag.[13] Um auf den Anfang zurückzukommen: „O dass mein Sinn ein Abgrund wär und meine Seel ein weites Meer, dass ich dich möchte fassen" – das poetische Beten Paul Gerhardts veranschaulicht die Grenzen und zeigt, dass der Sinn des Sinns mit dem eigenen Sinn nicht zu begreifen ist und dass es immer nur um Annäherungen gehen kann.

Begeben wir uns nach diesen auch abstrakten Überlegungen nun also auf die Suche nach konkreten Sinn-Spuren.

Ansinnen

IL: Wonach trachtest du? Worauf richtest du deinen Sinn und deine Sinne? Welche Richtung willst du einschlagen? Solche Fragen stecken meines Erachtens hinter dem Wort Ansinnen. Nicht der Wunsch, dass mir etwas widerfahren oder geschenkt werden möge, steht im Vordergrund. Vielmehr erstrebe oder betreibe ich etwas und werde entsprechend aktiv. Im digitalen Wörterbuch der Wortbedeutungen ist zu lesen, dass unter Ansinnen ein Ersuchen verstanden wird, das in der Regel als Zumutung empfunden wird.[14] Deshalb gibt es im Zusammenhang dieses Wortes viele negative Verbindungen wie ein Ansinnen ablehnen, abschmettern, zurückweisen.

Das ABC der Mut-Proben endet mit dem Wort Zumutung. Der Begriff ist dort positiv konnotiert. Doch im Kontext von Ansinnen, dem ersten Wort des Sinn-ABCs, erscheint er fast ausschließlich deplatziert, überzogen, ungehörig. Wie schade. Könnte das Wort gerettet werden?

GF: Ich weiß nicht, ob ich das Wort retten will. Jedes hat seine Zeit. Aber wenn, dann ganz auf dieser Linie: Ich habe ein Anliegen, ich verfolge eine Absicht und gehe auf dich zu. Ich höre auch eine aggressive Note mit: Da geht es um Dinge von höchster Dringlichkeit, derentwegen ich nicht lockerlasse. In der Redensart „Ich habe ein Attentat auf dich vor" ist Lust im Spiel, man möchte überraschen. Lese ich die biblischen Geschichten am Leitfaden dieses Wortes, so werde ich schnell fündig. Da handelt Abraham wie ein Pferdehändler mit Gott, um dessen Geduld und Güte zu testen; er lässt sich nicht abspeisen und bringt ganz neue Seiten ans Licht (Gen 18,16–33). Von der Geschichte der Bindung beziehungsweise Opferung Isaaks ganz zu schweigen. Das ganze Buch Hiob liest sich wie eine Geschichte wechselseitiger Zumutungen: Hiob lässt nicht locker und verdächtigt den Schöpfergott, ein Versager oder sogar Verbrecher zu sein, der alles verpfuscht hat. Aber auch dieser Gott holt seinen frommen Hiob auf den Teppich und konfrontiert ihn – ein Ansinnen der besonderen Art. Da empfiehlt Jesus, man solle Gott hartnäckig auf die Pelle rücken und lästig werden wie dem besten Freund (Lk 11,5–8). Und was soll man zu Gethsemane sagen? Was für „Ansinnen" kommen im Leben auf einen zu? Manche empfinden es insgesamt als Zumutung und nennen es absurd. Wie damit umgehen? Diese Frage führt mitten hinein in den Raum des Spirituellen. Biblisch gibt Gen 50,20 die Antwort, christlich hat es mit Ostern zu tun (Röm 8,28ff).

IL: Spannend, welche Bibelstellen dir zum Wort Ansinnen einfallen. Abrahams hartnäckiges Verhandeln, um das göttliche Vorhaben, Sodom und Gomorra untergehen zu lassen (vgl. Gen 18), abzuwehren, ist wirklich beeindruckend. Auch Jesus bricht eine Lanze für das „unverschämte Drängen" (Lk 11,8) des bittenden Freundes, ja, er empfiehlt es als Ausdruck des Gottvertrauens. Und so sind auch die Abraham- und Hiob-Geschichten zu lesen.

Für den Mitbegründer der Gestalttherapie Fritz Perls war Aggression eine ganz wichtige Kraft.[15] Er betont die Notwendigkeit dieser „zugreifenden" Energie. Ein Ansinnen zu verfolgen und sich anderen Menschen zuzumuten, kann durchaus angebracht sein. Doch natürlich kann es auch als nicht sozialverträglich, nicht verhältnismäßig oder rücksichtslos erscheinen. Vielleicht entscheidet die Art der „Not" darüber, ob ein Ansinnen berechtigt ist.

GF: Nicht nur die „Not", auch die Lust. Aggression heißt ja vom Wortsinn „rangehen" und offensiv darauf zu. Die Unterscheidung von „guter", schöpferischer Aggression und unguter, zerstörerischer erscheint auch mir ganz wichtig – besonders dort, wo wir defensiv geprägt sind und eher zum Depressiven neigen. Gerade im christlichen und kirchlichen Kontext wird oft höchst missverständlich von Liebe gesprochen, als wäre das eine konfliktlose und „softige" Angelegenheit. Jeder Kuss ist ein domestizierter Biss.

Außersinnlich (oder der siebte Sinn)

GF: Nicht alles ist empirisch belegbar und wissenschaftlich beweisbar. Es gibt offenkundig „Dinge", die unsere Sinne und Wissensquellen übersteigen. Aber wie genau? Wo fangen Fantasie und Wunschvorstellungen an, und wo bricht womöglich von woanders her etwas ein? Oder geht es beim Interesse für Außer- und Übersinnliches vor allem um eine grundsätzliche Haltung, sich stets überraschen und bisherige Vorstellungsmuster sprengen zu lassen? Die Parapsychologie spricht zum Beispiel von Telepathie und Hellsehen. Die Religionen sprechen von göttlichen Erscheinungen oder gar der Of-

fenbarung Gottes. „Wie wirklich ist die Wirklichkeit?"
Ich will mich hier nicht auf Grundsatzdebatten über
mögliche außersinnliche Wahrnehmungen einlassen.
Mein Interesse zielt auf spirituelle Alltagspraxis, und die
soll möglichst handfest sein – und dabei kompatibel mit
biblischen Überlieferungen und den Erfahrungen vieler
geistlicher Menschen. Dazu gehört zum Beispiel die Frage: Wie muss ich leben, dass bei mir womöglich ein Engel Gottes eintritt – oder dass ich einen inneren Impuls
oder eine Anregung von außen als „Offenbarung" verstehen kann? Dass mir also Dinge und Menschen „mehr"
sagen als sie sind und mir einen Grund geben, von (einem) Gott zu sprechen? „Man sieht nur mit dem Herzen gut" – das wissen alle, und das ist ein „Sehen" be-
sonderer Art, ein Hellsehen durchaus. Ist es sinnlich
oder schon außer- und übersinnlich? Jedenfalls nicht
selbstverständlich, und damit fängt alles „Wunder(n)"
an und alle Spiritualität.

IL: Außer- und übersinnliche Erfahrungen sind keine
Beweise für Gott oder das ewige Leben. Darauf macht
zum Beispiel Jörg Zink aufmerksam. Zugleich weist er
auf die Grenzen unseres Verstandes und unserer Sinne
hin. Indem er von seinen eigenen Erfahrungen gesprochen hat, wollte er auch andere Menschen ermutigen,
solche Erfahrungen ernst zu nehmen. Eine eindrückliche Story sei hier wiedergegeben: Zink erlitt einen
schweren Herzinfarkt. 500 Kilometer entfernt träumte
eine junge Frau, die ihn von früher kannte, doch schon
seit längerem keinen Kontakt mehr zu ihm hatte, davon. Sie erzählte ihrer Mutter tags darauf von diesem sie
verstörenden Traum. Die Mutter folgte ihrer Intuition,

besuchte Zink, dessen Frau verreist war, und brachte ihn gerade noch rechtzeitig in die Klinik. So was gibt's. Physikalisch ist es nicht zu erklären. Zink selbst äußert sich so: „Ich lege großen Wert darauf, dass wir uns nicht ganzen Welten von Wirklichkeit verschließen dadurch, dass wir unseren engen Käfig von Raum und Zeit in unseren Sinnen und Denkbahnen für das Ganze aller möglichen Realität halten."[16]

Bestimmt nicht zufällig sprechen wir vom siebten Sinn. Doch du hast natürlich recht: Für Grundsatzdebatten ist hier kein Platz. Am Ende des zitierten Buches empfiehlt Jörg Zink sieben Schritte, die so etwas wie eine Antwort geben auf die von dir gestellte Frage, wie wir leben müssen, um für solche außer- und übersinnlichen Erfahrungen empfänglich zu sein: Die ersten drei Schritte lauten: sich einsammeln, anwesend und leer sein. Die nächsten drei Schritte sind ausdrücklich spiritueller Natur: „Dem eigenen Geist gibt Raum, wer ihn dem größeren Geist öffnet", „Den eigenen Willen setzt frei, wer ihn dem größeren Willen eingleicht", „Sich selbst findet, wer von sich Abschied nimmt". Und der siebte Schritt schließlich trägt die Überschrift: „Die Kontemplation verbindet das Oben und das Unten unserer Erfahrungswelt". Daraus resultiert nach Zink ein konkretes Tun, das geprägt ist durch Achtsamkeit, Güte und Gelassenheit.[17]

GF: Jörg Zink war ein guter Kenner der geistlichen und mystischen Traditionen. In vielen ihrer Zeugnisse spielen solche Erleuchtungen und Visionen, die die raum-zeitlichen Vorstellungen überschreiten oder gar sprengen, eine wichtige Rolle. Wie Paulus (2 Kor 12,1–

10) sahen sich manche ekstatisch entrückt und in andere Räume und Zeiten versetzt. Offenkundig sind wir mehr, als wir wissen. Erst wenn wir „hin und weg" sind, sind wir „voll da" – so scheint es: „Der Mensch übersteigt unendlich den Menschen", formulierte mit Recht Blaise Pascal.[18]

Besinnung

GF: Sofort denke ich mit Schrecken an Besinnungsaufsätze. Die mussten so abgeklärt und vernünftig sein, eine langweilige Geschichte. Wenn jemand einen Rappel hat, legt sich freilich die Aufforderung nahe, zur Besinnung zu kommen – also ins Lot und auf den Teppich. Das meint natürlich Nachdenken und Zur-Vernunft-Kommen. Aber „bei Sinnen sein" spricht vom ganzen Menschen mit all seinen Antennen, Stimmungen und Möglichkeiten. „Besinnlich sein" heißt, still werden und nachklingen lassen. Vermutlich sieht das in der Jugend ganz anders aus als im Alter. Mein Verdacht ist, dass „Besinnlichkeit" eher etwas für Ältere ist – haarscharf an der Langeweile vorbei Richtung Lebensweisheit, sozusagen auf- und abgeklärt zusammen. Das Gegenteil wäre, von Sinnen zu sein, also ausgeflippt und verrückt – das gibt es bei Erwachsenen natürlich auch.

IL: Wer hält die Andacht? Wer übernimmt die Besinnung am Anfang einer Sitzung? In meinem Berufsalltag stellen sich solche Fragen. Sich sammeln, die Sinne einsammeln, sich ausrichten – während bei der Andacht ausdrücklich das Denken angesprochen ist, spielen bei der Besinnung die Sinne mit. Mit allen Sinnen gegenwärtig werden: Das kann beim Denken helfen. Und kann ein konzentriertes Arbeiten unterstützen.

Besinnt euch! Dieser Imperativ klingt ganz anders als „Kommt zur Besinnung!" Sich zu besinnen bedeutet so viel wie die Aufmerksamkeit auf das Wesentliche zu richten und zu fragen, was sinnvoll erscheint. Für mich schwingt da auch ein Erinnern mit. „Besinnt euch" heißt fast so viel wie: „Erinnert euch". Ihr wisst eigentlich, was dran ist, habt das verinnerlicht, in eurem Inneren schlummert es. Weckt es auf.

GF: Gut, so kann ich etwas damit anfangen. Ich denke an den geliebten Sokrates. Der hat auf diese Weise aus seinen Gesprächspartnern herausgekitzelt, was wirklich ihr Herzenswissen ist: Besinnt euch, kommt zu euch selbst. Diese Hebammenkunst verbinde ich auch mit Jesus, mit seinen Gleichnissen und Streitgesprächen. Er war überzeugt von der Weltfreundlichkeit Gottes – und deshalb sollte man sich neu besinnen und selbst menschenfreundlich werden. Das wird oft Umkehr genannt, sich ganzheitlich orientieren und umdenken. Besinnung als Wahrheitssuche, Besinnung als Sinnsuche wie im Psalm 119. Und trotzdem: Das deutsche Wort hat für mich, jedenfalls umgangssprachlich, einen pädagogischen, ja moralisierenden Klang, und da bin ich allergisch. Doch es geht ja um Selbstwerdung mit allen Sinnen und dank ihrer.

Besonnenheit

IL: „Gott hat uns nicht gegeben den Geist der Furcht, sondern der Kraft und der Liebe und der Besonnenheit." (2 Tim 1,7) Dieser Bibelvers wird oft aus dem Zusammenhang genommen und als Tauf- oder Konfirmationsspruch gewählt. Das kann ich gut nachvollziehen. Da steckt so viel drin. Diese Geistesgaben ergänzen sich wunderbar. Die Kraft ist dynamisch; isoliert kann sie schnell übers Ziel hinausschießen. Die Liebe als Agape beziehungsweise Caritas kann sich leicht zu sehr verschwenden und so zur Hergabe entstellt werden, statt Hingabe zu sein. Deshalb als dritte im Bunde die Besonnenheit. Diese Tugend braucht es, um Kraft und Liebe sinn- und maßvoll zu begrenzen.

GF: Ja, solch ein Bibelvers hat und macht Geschichte. Vom altgriechischen sophrosyne her ist schlicht gesunder Sinn gemeint, und für Platon ist Besonnenheit eine der vier Kardinaltugenden – das bleibt bis in die Neuzeit so. Im Zentrum steht Selbstbeherrschung, also inneres Gleichgewicht mit guter Selbstsorge und entsprechend klarem Urteilsvermögen. Für Thomas von Aquin ist temperantia die Kunst, in sich selbst Ordnung zu schaffen und zu halten – und dazu gehört die Sehnsucht nach dem Größeren. Ob wir das Spiritualität nennen sollen? Nur wenn wir gute, höhere Ziele haben, können wir mit uns selbst im Lot sein: „Wer sich selbst anschaut, leuchtet nicht." Früher sprach man von „Zucht und Maß", heute könnte man von Achtsamkeit sprechen, vielleicht auch von Grenzgespür, jedenfalls auch von Disziplin. „Ziel und Norm der Zucht ist die

Glückseligkeit", heißt es bei Thomas von Aquin.[19] Nichts im Übermaß, gar bis zur Sucht, aber bitte auch keine Ermäßigung der eigenen Sehnsucht. Besonnenheit und Mittigwerden sind das genaue Gegenteil von Mittelmäßigkeit. In Ordnung sein ist eine eminent auch politische und ökologische Tugend; sie trägt vom Einzelnen her zum Resonanzgefüge des Ganzen bei.

Blödsinn

IL: In der wunderbaren Motette von Johann Sebastian Bach „Der Geist hilft unser' Schwachheit auf" findet sich im Schlusschoral die Bitte: „Stärk des Fleisches Blödigkeit". Das hat mich irgendwie schon immer angerührt und auch amüsiert. „Der Geist ist willig; aber das Fleisch ist schwach" (Mt 26,41) fällt mir als Bibelstelle dazu ein. Blöd bedeutet von der Herkunft her schwach. Und doch ist Blödsinn etwas anderes als Schwachsinn. Gerade in Verbindung mit dem Fleisch, dem Körper, der Materie werde ich durch den Choraltext angeregt, über das Blöde nachzudenken. Ich kenne sie nur zu gut: die Blödigkeit des Fleisches. In Form von Bequemlichkeit und der fehlenden Lust, mich zu bewegen und für meinen Körper zu sorgen. Auch in Form von Gier und einem unmäßigen Essen und Trinken. Und nicht zuletzt in Form von einer Fixiertheit auf Äußeres, einer Orientierung an dem, was glänzt und blendet. Was für ein Blödsinn! Doch er gehört zum Leben dazu. Wenn Kinder Blödsinn machen, kann es zum Verständnis beitragen, wenn wir die Schwäche dahinter sehen, das Gefühl einer (körperlichen) Machtlosigkeit. Sie verleitet zu blödsinnigen Handlungen und Streichen und verleiht dadurch ein bisschen Macht. Und auch wir Erwachsenen sind vor Blödsinn nicht gefeit. Vermutlich nicht nur aus des Fleisches, sondern oft noch mehr aus des Geistes Blödigkeit heraus. Insofern: Was für ein Trost, dass die Geistkraft unserer Schwachheit aufhilft!

GF: Ich verbinde Blödsinn auch mit Verrücktspielen und Ausflippen, also das „Vernünftige" und „Erwartbare" zu durchkreuzen und dem Taugenichts in mir Raum zu geben. Wenn Kinder Blödsinn machen, ist ja auch die Lust am Spielen dabei, am Ausprobieren und Kreieren. Ob wir auch das Narren-Motiv hinzunehmen dürfen? Nur Kinder und Narren sagen die Wahrheit. Seit Jesus und Paulus ist es gerade in christlichen Überlieferungen wichtig, die Welt zum Narren zu halten und so daran zu erinnern, dass es mehr gibt als das bloß Vernünftige und Normale. „Verrückt" sagt man dann, was ein Franz von Assisi oder eine Mutter Teresa tut – und zugleich „wahnsinnig" gut. Schon bei Jesus haben seine Verwandten gesagt, er sei „von Sinnen" (Mk 3,21). Und Paulus spricht von der „Torheit", der Verrücktheit, ja dem Unsinn des Evangeliums vom Gekreuzigten (1 Kor 1,18ff). Denn da erscheint jene gottmenschliche Liebe, die gratis und bedingungslos ist. Hat das nicht immer etwas Verrücktes? Gott ist eben nicht einfach identisch mit dem Sinn des Lebens, denn sie schließt das Sinnlose ein und macht sich zur Anwältin derer, die darunter leiden.

Doppelsinnig

GF: Wie viele Worte haben nicht nur zwei, sondern noch mehr Bedeutungen. Unser ganzes Unternehmen, zentrale Worte spirituell durchzubuchstabieren, lebt davon. Der Sinn einer Aussage wird erst im konkreten Kontext deutlich, also im Gebrauch der Sprache. Wittgenstein nannte das Sprachspiel und zwar im Plural. Die ersten vier Lebensjahre konnte und wollte er nicht sprechen, so vieldeutig und double-bindig ging es in seiner Herkunftsfamilie zu. Wie kann ich mich verständlich machen, und zwar ein-deutig? Dieser Überlebensfrage widmete er sein ganzes philosophisches Lebenswerk. Eben durch klaren Sprachgebrauch, wurde dann seine Antwort. Nur nichts Doppel-Züngiges. Aber alles hat zwei Seiten oder sogar drei nach Karl Valentin: eine positive, eine negative – und eine komische! Nicht negative Zwei-Deutigkeit ist da gemeint, sondern der Facettenreichtum und die Perspektivität von allem. Ein „zweites", sogar besseres Ich zu haben, ist eine kostbare Sache. Ein Doppelgänger kann mal aus der Patsche helfen, und das Doubeln hat auch seine Reize, wenn man füreinander einsteht. Entscheidend ist wohl immer, dass es um Transparenz geht und dem Zusammenleben dient. Das verdoppelt in der Tat den Lebenssinn.

IL: Altus und sacer: Beide lateinischen Begriffe sind faszinierend doppelsinnig. Für Sigmund Freud und Carl Gustav Jung waren das interessante Phänomene, mit denen sie Dynamiken des Unbewussten veranschaulichen konnten. Da geht es nicht um Logik, sondern da wird Gegensätzliches in einem Wort vereint.

Auch ein spirituelles Leben kennt einen solchen Doppelsinn. Altus: hoch und tief, himmelhochjauchzend und zu Tode betrübt, Ehre sei Gott in der Höhe und in der Tiefe ... Es geht um das volle Leben, auch mit seinen Extremen. Der zweite Begriff ist vielleicht noch interessanter. Der homo sacer verkörpert eine archaische Figur des römischen Rechts: Er durfte straflos getötet, aber nicht geopfert werden. Daraus erwächst der Doppelsinn von sacer als verflucht und geheiligt zugleich.[20] Diese Spannung erinnert an das Double-Binding, von dem du gesprochen hast.

Für mich hat es sehr viel mit Realismus zu tun, dass es Doppel- beziehungsweise Vielsinniges gibt. Überzeugend plädiert Thomas Bauer für Ambiguitätstoleranz und richtet sich damit gegen Transhumanismus und Maschinenmenschentum.[21] Er beendet seine Überlegungen mit diesen Ideen: „Bedeutungsvolle Kunst im öffentlichen Raum (und nicht nur im Museum), die Schaffung von schönen Plätzen für geselligen Austausch in unseren Städten, Kunst-, Musik- und Instrumentalunterricht durch alle Klassen (Fächer, die im schulischen Curriculum heute marginalisiert sind), die Auseinandersetzung mit assoziationsoffener Literatur, eine naturkundliche Bildung, die die Schönheit, Vielfalt und Verletzlichkeit unserer Natur vermittelt: All das könnten erste Nothilfemaßnahmen sein, um der Vereindeutigung unserer Welt entgegenzuwirken. Sie würden sich auszahlen."[22]

Eigensinn

GF: Sofort tauchen pädagogische und soziale Wertungen von früher in mir auf: Als eigensinnig gilt da ein Mensch, der sich nichts sagen lässt und „schwierig" ist, vielleicht gar „störrisch" und eben „eigen(artig)". Solche Überich-Botschaften stellen Eigensinn unter Verdacht. Wo dagegen wirklich emanzipatorisch und partizipativ gedacht und gehandelt wird, ist eine eigene Meinung bekanntlich Gold wert – Ausdruck nämlich von Selbstbestimmung und Selbständigkeit. Kriterien, um bockigen Eigensinn von kreativer Eigenständigkeit zu unterscheiden, sind sicherlich die selbstkritische Gesprächsbereitschaft, die Zugänglichkeit für Argumente und die Lust an Vielfalt.

Am (hoffentlich überholten) Phänomen der „Leibeigenschaft" wird deutlich, dass es ursprünglich um ein Besitzverhältnis ging (das freilich Verantwortung einschließt). Je stärker Autonomie zum allgemeinen Maßstab gelingender Menschwerdung und zur Norm gesellschaftlichen Handelns wird, desto mehr ist „Selbstbesitz" ein letzter Wert: ein unverwechselbar „eigener" Mensch – und zwar mit Eigenschaften und Charakter. In diesem Sinn lässt zum Beispiel Nikolaus von Kues Gott zum Menschen sprechen: „Sei du dein eigen und ich werde dein eigen sein."[23] Und der Jesuit Friedrich von Spee dichtet im 17. Jahrhundert das beliebte Kirchenlied: „Zu Betlehem geboren ist uns ein Kindelein. Das hab ich auserkoren, sein Eigen will ich sein." Also, wenn noch ein Besitzverhältnis, dann aus Freiheit und Liebe: Einander zu eigen sein heißt dann, gerade im Einssein Gegen-Über zu bleiben; je mehr „Eigensinn", desto tiefer und lebendiger die Beziehung. In alldem steckt ein „Protest gegen die Enteignung der eigenen Sinne".[24]

Solcher Eigensinn ist das Gegenteil von Egoismus. Paradox formuliert: Je mehr sich der Mensch in Freiheit bestimmt, desto mehr wird er die Freiheit der anderen schätzen und fördern; er wächst im Eigensein durch das und die anderen, bis hin zur schöpferischen Selbstlosigkeit. Dieses Paradox von Selbstgewinn durch Selbsthingabe hatte Meister Eckhart im Sinn: Der erwach(s)ende Mensch solle „ohne Eigenschaft" sein, also ohne egoistisches Eigeninteresse der Wahrheit seiner selbst hingegeben, dem Wohl und der Wahrheit des Ganzen. Wer alles gibt, hat die Hände frei: wirklich er selbst, präsent und eigen(sinnig).

IL: Ich war noch jung und innerlich ziemlich stark abhängig von der (vermeintlichen) Bewertung durch meinen Vater, aber auch durch andere (in)direkt Leistung erwartende Personen. In diese bedrückende Situation hinein wurde ich in einem seelsorgerlichen Gespräch auf den Titel eines Buches von Elisabeth Moltmann-Wendel hingewiesen: „Ein eigener Mensch werden"[25]. Seither ist Eigensinn für mich positiv konnotiert. Es geht um Befreiung, um Emanzipation und Selbstständigkeit. Das ist, so scheint es mir, ein lebenslanger Prozess. Zumal wir vielleicht mehr denn je, wenn auch zum Teil raffiniert verdeckt, in einer Leistungsgesellschaft leben und Anpassung vielfältig belohnt, während das Eigene eher selten gefördert wird. Ein Gradmesser ist eventuell, wie es den Künstler*innen in unserer Gesellschaft geht. Es gibt ja keine Kunst ohne Eigensinn. Zugleich macht Moltmann-Wendel zusammen mit vielen anderen (feministischen) Theolog*innen deutlich: Emanzipation und Beziehung gehören zusammen. Die „Frauen um Jesus", sie waren bezogen. Dadurch wurden sie zu eigenen Menschen. Wenn diese Beziehungsdimension wegfällt, dann ist der Eigensinn ein Egotrip – und dieser Weg der „Gottlosen" vergeht, „wie Spreu, die der Wind verstreut" (Ps 1).

Feinsinnig

GF: Das hat für mich mit Stil und Geschmack zu tun, mit Formbewusstsein und Eleganz. Ich denke an das Feingefühl, mit dem jemand auf Zwischentöne und Nuancen achtet. Nicht nur der Teufel steckt im Detail, sondern eben der Sinn für das gewisse Etwas. Ein feiner Schliff, eine genaue Präzision, ja auch das Raffinieren bestimmter Stoffe – sie verraten diese Lust am Genauen, in der Lebenskunst wie in den Human- und Kulturwissenschaften, nicht zuletzt im Religiösen und Spirituellen. Wo braucht man mehr Feinsinn als im Umgang mit dem Geheimnis der Wirklichkeit, das wir Gott nennen? Blaise Pascal spricht vom l'esprit de finesse, einer Art Intuition und ganzheitlicher Wahrnehmung, die auf einen Schlag das Ganze einer Situation erfasst und zusammenschaut. Der „Geist der Geometrie" (l'esprit de géométrie) hingegen gilt naturwissenschaftlich und vor allem mathematisch, demzufolge man aufgrund von feststehenden Axiomen und gegebenen Definitionen folgerichtige Schlüsse zieht.[26]

IL: Ein biblisches Beispiel für Feinsinnigkeit liefert die Erzählung von einer an Blutungen leidenden Frau: „Die hörte von Jesus, näherte sich in der Menschenmenge und berührte von hinten sein Gewand. Denn sie sagte sich: ‚Wenn ich ihn berühre, und sei es nur sein Gewand, werde ich gesund werden.' Im gleichen Augenblick hörte ihr Blut auf zu fließen, und sie spürte an ihrem Körper, dass sie von ihrem Leiden befreit war. Gleichzeitig fühlte auch Jesus an sich, wie die Kraft aus ihm herausfloss, drehte sich in der Menschenmenge um und fragte: ‚Wer hat mein Gewand berührt?' Da sagten seine Jüngerinnen und Jünger zu ihm: ‚Du siehst doch, wie die Menschenmenge sich um dich drängt, und du fragst: ‚Wer hat mich berührt?'" (Mk 5,27–31)

Dieses jesuanische Spüren empfinde ich als feinsinnig. Von einer Menschenmenge umgeben, nimmt er doch die eine Frau wahr, die auf eine besondere Weise Kontakt zu ihm gesucht hat, in ihrer Not und ihrem Vertrauen. Und er spürt seine Resonanz. Feine Sinne sind hier am Werk, so etwas wie Intuition, eine Wahrnehmung, die die grobsinnigeren Jünger*innen nicht fassen können. Doch auch die Frau hat den richtigen „Riecher", „hört" auf ihre innere Stimme und „sieht" mit dem inneren Auge, dass eine unscheinbare „Berührung" von hinten genügen könnte. Es geht hier um Sinne, doch es sind gleichsam „Feinsinne", die nicht oder nur sehr schwach von äußeren Reizen abhängen.

Spiritualität und Feinsinnigkeit sind Schwestern. Das illustriert diese Geschichte. Das Vertrauen der Frau äußert sich in ihrer Feinsinnigkeit und Jesu heilende Kraft, die der Frau zufließt, wird auch von ihm selbst mit feinen Sinnen wahrgenommen.

Wie fein, diese Geschichte, voller Zartheit und Zärtlichkeit. Eine Kultur der Feinsinnigkeit zu entwickeln, würde eine Gesellschaft bereichern.

Frohsinn

IL: Frohsinn klingt für mich zunächst verstaubt und kleinbürgerlich, nach Gesangsverein oder Landgasthaus. Auch beim Geburtstagskanon „Viel Glück und viel Segen" habe ich eine Zeitlang das „Gesundheit und Frohsinn" durch „Gesundheit und Freude" oder Ähnliches ersetzt, weil ich mit dem Wort nichts anfangen konnte. Es ist mir fast ein bisschen peinlich, das zuzugeben. Denn wenn ich mir etwas mehr Zeit lasse für dieses Wort, wird mir klar, dass es Wunderbares zum Ausdruck bringt, eine Einstellung und Ausrichtung, die dem Evangelium gemäß ist; handelt es sich bei den Erzählungen von der göttlichen Selbstmitteilung in Jesus, dem Christus, doch um eine „frohe" Botschaft. Mit dem Frohsinn zu fremdeln zeigt vielleicht ein Problem an in der Kommunikation des Evangeliums: Sie macht vermutlich zu selten froh. Jedenfalls stelle ich bei mir fest, wie oft ich Dinge für selbstverständlich nehme, die alles andere als selbstverständlich sind: vertrauensvolle Beziehungen, materieller Wohlstand, so viel Schönheit in der Natur und der Kunst, Bildungs- und Entfaltungschancen, das Leben überhaupt ... Das alles immer neu sehen und darüber staunen zu lernen, mit anderen Worten: Dankbarkeit zu pflegen – das könnte ein geeignetes Mittel sein, den Frohsinn zu fördern und zu vermehren. Der Mystiker und „Meister der Dankbarkeit", David

Steindl Rast, gibt in dieser Hinsicht wichtige Impulse. Was er über die Freude schreibt, ersetze ich durch „Frohsinn". Denn der ist konkreter, betont das Sinnliche an der Freude und ist daher eventuell einfacher wahrzunehmen. Normales Glück hängt nach Steindl Rast vom Zufall ab, während Frohsinn jenes außergewöhnliche Glück ist, „das nichts mit dem zu tun hat, was uns gerade passiert." Glückliche Begebenheiten und Umstände können uns zwar glücklich machen, aber keinen dauernden Frohsinn schenken. Dieser kommt von der Dankbarkeit. Nicht umgekehrt. „Wenn man alles Glück der Welt besitzt, es aber nicht als Geschenk betrachtet, dann wird es einem keine Freude [= keinen Frohsinn] schenken. Doch selbst ein Missgeschick wird jenen Freude [= Frohsinn] schenken, denen es gelingt, dafür dankbar zu sein."[27]

GF: „Froh zu sein bedarf es wenig, und wer froh ist, ist ein König" – lautet der pfiffige Kanon früherer Zeiten. Aber Freude und Frohsinn gehören zu den geheimnisvollen „Dingen", die wir nicht produzieren können. Der Appell „Freue dich!" bewirkt bekanntlich nur weiteren Stress. Damit es fröhlich zugeht, braucht es die richtigen Umstände. Freude „stellt sich ein", wenn ein Grund dafür da ist und ein Anlass. Gewiss, ein fröhliches Gemüt ist eine besondere Mitgift. Aber selbst, wer es schwer im Leben hat oder zu Ernst- und Bedrücktsein neigt, kann Anlässe genug finden.

Wenn wirklich alles von Gottes schöpferischer Treue geprägt und durchzogen ist, dann ist Anlass zur Freude. „Wenn Gott für uns ist, wer ist dann gegen uns? [...] Nichts kann uns trennen von der Liebe, die in Jesus

Christus erschienen ist." (Röm 8,31–39) Dann gehört eine abgründige Leichtigkeit zum Leben, selbst noch in Trauer und Not. Dann könnte man mit dem Jugendseelsorger Don Bosco sagen und leben: „Fröhlich sein, Gutes tun und die Spatzen pfeifen lassen." Dann aber muss auch an Nietzsches kritisches Urteil über die Christen erinnert werden, das er seinen Zarathustra sagen lässt: „Bessere Lieder müssten sie mir singen, dass ich an ihren Erlöser glauben lerne: erlöster müssten mir seine Jünger aussehen."[28]

Gerechtigkeitssinn (beziehungsweise Gemeinsinn)

GF: Schon das Wort ist Programm: „Alles, was recht ist", soll also „in Ordnung" sein und kommen. Weit über das Juristische hinaus spiegelt sich darin der Wunsch, dass es überall stimmig sei und im Lot – im persönlichen Leben wie in der großen, weiten Welt. Und zutiefst wissen wir Menschen genau, was in diesem Sinne gut ist und guttut und was eben nicht. So ist „Gerechtigkeit" ein Grundwort biblischer Hoffnung. Alles ist demnach geschaffen – aus nichts anderem als aus Gottes freigebender Liebe. Er ist gerecht und fertigt alles recht. Im Prinzip ist alles „sehr gut" und „sehr schön" geschaffen, wirklich in Ordnung von Anfang an. Und wir Menschen sind gedacht als Gottes Partner*innen: Der Sinn für Gerechtigkeit ist uns eingeschaffen. Wir haben ein tiefes Gespür dafür. Wenn nur nicht seit Kain und Abel diese fundamentalen Störungen wären, eine Mordsgeschichte voller Gewalt und Lüge, so viel Unrecht und Gemeinheit. Wenn unsere Gerechtigkeitssensoren doch nicht oft so egoistisch verstört wären – bis hin zur Fähigkeit, fake news zu produzieren und sie für bare Münze zu nehmen oder sich in einer Blase eigener Wunschvorstellungen einzulullen.

Funktionierender Gerechtigkeitssinn ist also ein hohes, ein höchstes Gut. Und das auf der ganzen Amplitude der Möglichkeiten: von Empörung über himmelschreiendes Unrecht mit heißem Kampfgeist dagegen bis hin wenigstens zum offensiven Mitgefühl mit den Opfern. Und natürlich die unerbittliche Gewissenserforschung der eigenen Motive und Gefühlslagen. Realistisch diagnostiziert die Bibel: „Die Menschen lügen alle" (Ps 116,11) – und wer könnte sich wirklich gerecht nennen? Wer könnte sich und allen anderen und darin Gott gerecht werden?

Ausgeprägter Gerechtigkeitssinn kann auch zur Falle werden. Dann spielen wir uns selbst als Rächer auf und nähern uns der ständigen Gefahr, bloß rechthaberisch zu sein und ein bisschen Gott zu spielen. Oder wir finden uns resigniert mit dem Unrecht ab, hochmütig herabschauend auf die ach so ungerechte Welt. Deshalb ist die biblische Perspektive so befreiend: Weil allein Gott das erste und letzte Wort hat, bleibt alle menschliche Rechtsprechung unter einem letzten Vorbehalt. Weil allein er richten wird, brauchen und dürfen wir einander nicht richten. Und sein Gericht ist voller Empathie und Vergebung, wie es die Geschichte vom barmherzigen Vater zeigt (Lk 15): unerbittlich in der Konfrontation mit verursachtem Unrecht und doch voller Mitgefühl und Erbarmen, besonders mit den Opfern, aber auch mit den Täter*innen. Gerechtigkeit(ssinn) ist bei Licht besehen ein Grundzug göttlicher Liebe und was das für uns heißt, sehen wir an Jesus von Nazaret. Fromme Juden sagen, die Welt besteht, weil es in jeder Epoche 36 verborgene Gerechte (wie Abraham und Jesus) gibt: Sie sind die Säulen der Welt. Vielleicht gehören wir mit Gottes Hilfe einst selbst dazu?

IL: Gerechtigkeit im biblischen Sinn bedeutet Gemeinschaftstreue. Das zu wissen hilft mir, zu einem humanen Verständnis von Gerechtigkeit zu kommen, das nicht in erster Linie Richten und (Ver)Urteilen impliziert. „Gott ist gerecht" heißt demnach so viel wie: Gott hat die Gemeinschaft im Sinn und bleibt dieser treu. Gerechte, die sich in ihrem Tun und Lassen an Gott orientieren, haben also die Gemeinschaft im Blick und sind solidarisch mit denen und tätig für die, die aus den sozialen Bezügen zu fallen beziehungsweise abgehängt zu werden drohen. Eng verwandt damit ist der Gemeinsinn, der Common Sense. Die Gemeinwohl-Ökonomie, die seit einer Veröffentlichung von Christian Felber im Jahre 2010 immer weitere Kreise zieht, hat diesen Gemeinsinn im Blick. Im ersten des zehn Punkte umfassenden Programms heißt es: „Die Gemeinwohl-Ökonomie ist der Aufbruch zu einer ethischen Marktwirtschaft, deren Ziel nicht die Vermehrung von Geldkapital ist, sondern das gute Leben für alle."[29] Diese Gemeinwohl-Ökonomie umzusetzen, wäre wohl ein wirksamer Beitrag zu mehr Gerechtigkeit.

Geruchssinn

IL: „Gott aber sei gedankt, der uns allezeit im Triumph mitführt in Christus und offenbart den Geruch seiner Erkenntnis durch uns an allen Orten! Denn wir sind für Gott ein Wohlgeruch Christi unter denen, die gerettet werden, und unter denen, die verloren werden: diesen ein Geruch des Todes zum Tode, jenen aber ein Geruch des Lebens zum Leben." (2 Kor 2,14–16) Was steigt denn hier in die Nase? Paulus unterscheidet nicht die Geister, sondern die Gerüche. Maßstab ist der Wohlgeruch Christi, den die Seinen verströmen. Diesen Geruch in der Nase, stinken der Tod und seine Helfershelfer zum Himmel; unerträglicher Verwesungsgeruch macht sich breit. Wie anders der Geruch des Lebens, der Liebe, des Trostes. Ein Verströmen von Aromen in einer optimalen Mischung ...

GF: Du steigst gleich mit der symbolischen Bedeutung bei Paulus ein. Ich ergänze das einmal durch die Alltagserfahrung. „Wer sich selbst nicht riechen kann, stinkt auch andern" – welch tiefe Wahrheit steckt in diesem Spruch. Bis hin zum raffinierten Gebrauch von Ölen, Parfümen, Essenzen und Gewürzen geht es eben darum, etwas anziehend oder abstoßend zu finden und zu machen. Das gilt ganz basal und körperlich: Tiere ohnehin, aber auch olfaktorisch begabte Menschen können zum Beispiel riechen, ob jemand krank ist. Und nicht nur zum Paarungsverhalten braucht es die berühmten Duftmarken in der Natur; Vergleichbares dient im sozialen Verhalten und gesellschaftlichen Leben dazu, sich bemerkbar zu machen oder in Szene zu setzen. Die biologische Grundierung, Gerüche aufzunehmen und auszuströmen, dient der Gestaltung von Nähe oder Abstand in Beziehungen (irgendwie ist ja mein Körpergeruch etwas höchst Einmaliges und Intimes). Und es kann auch ein richtiger Krimi werden, wie „Das Parfüm" von Patrick Süskind.

Und eines muss ich unbedingt noch ergänzen: Durch Gerüche kann etwas Abwesendes gegenwärtig bleiben und noch im Verwehen an etwas erinnern. Ich denke an meine jüngste Nichte: In der aufregenden Kleinkindphase, wo es die erste Lösung von der Mutter zu bewältigen galt, hatte sie immer ein seidiges Tuch bei sich, das sie niemals hergab; wollte man es ihr, zum Beispiel zum Waschen, mal wegnehmen, war die Hölle los. Warum? Weil im Geruch dieses Tuches die abwesende Mutter für sie präsent war! Das noch so verschmutzte Tuch war ihr heilig. Vergleichbar kann mich der Geruch in einer Kirche oder in der Küche oder bei einem Kleidungsstück auf einem Basar ganz unmittelbar an etwas Kostbares von früher erinnern und macht es damit gegenwärtig.

IL: Die von dir geschilderte über den Geruchssinn gestaltete Mutter-Tochter-Verbindung erinnert mich an eine Gleichnis-Erzählung aus dem Werk „Scivias" (= Wisse die Wege) der Hildegard von Bingen. Die philosophie- und theologiegeschichtliche Forscherin Elisabeth Gössmann hat das feministische Potential dieser Passage entdeckt und durch eine eigene Übersetzung zu Tage gefördert. Die Tochter Sion – eine „Mischung" aus ersttestamentlichem Gottesvolk, individueller Menschenseele, verlorener Drachme und verlorenem

Sohn (vgl. Lk 15) – erlebt Verlassenheit, Bedrängnis, Anfeindung, Folter, Vergewaltigung und Gefangenschaft. In ihrer Not schreit und seufzt sie: „Ach wie bin ich hierhergekommen? Welchen Trost in dieser Gefangenschaft soll ich suchen? Wie diese Ketten zerreißen? O welches Auge wird meine Wunden ansehen können? Welche Nase diesen kranken Gestank ertragen? Oder welche Hände sie mit Öl salben? Ach, wer wird meinem Schmerz Barmherzigkeit zuwenden?" Die angefochtene Pilgerin macht sich nach einem langen Klagegebet, dessen Anfang ich hier zitiert habe, auf den Weg. Dabei wählt sie – wohl eine Anspielung an Matthäus 7,13f – einen schmalen Pfad, bitterlich und unablässig weinend wegen ihrer Verlassenheit von der Mutter Sion. Die Erzählung fährt fort: „Und siehe, ein süßer Duft wie ein sanfter Lufthauch, von meiner Mutter ausgesandt, berührte meine Nase. O welche Seufzer und Tränen habe ich da hervorgebracht, als ich diese kleine Tröstung mir beistehen fühlte." Gössmann macht an dieser Stelle auf das lateinische Wortfeld sapientia – sapere aufmerksam, „denn der von ihr wahrgenommene Duft ist es, der die Tochter an der barmherzigen Weisheit der Mutter teilnehmen lässt."[30] Auch wenn sich die Not der Tochter im weiteren Verlauf der Erzählung noch steigert: Die mütterlich-göttliche Weisheit bleibt ihr treu und ermöglicht ihr, den Weg ins Leben zurückzufinden.

Geschmackssinn

GF: „Das schmeckt mir (nicht)." In solch einer Redensart ist sofort Elementares und Symbolisches präsent.

Was ist basaler als Essen und Trinken? Je ungenießbarer, desto abstoßender. Je kitzliger für die Geschmacksnerven, desto willkommener – bis hin zu den berühmten Feinschmeckern mit ihren bevorzugten Koch- und Essgewohnheiten, ihren ausgezeichneten Lokalen und Sterneköchen. Dabei geht es nie nur um die Raffinierung dessen, was wir zu uns nehmen. Essen und Trinken hat mit Appetit zu tun, also mit Anziehungskraft und Aufnahmelust. Auf den Geschmack zu kommen heißt zum Leben kommen und das wie andere Mitmenschen auch, und doch höchst persönlich. Geschmacksurteile haben immer etwas höchst Subjektives und Besonderes.

Das betrifft nicht nur Essen und Trinken, sondern zum Beispiel die Kleidung mit ihren Moden. Die oder der „hat Geschmack", ist also stilsicher und „macht etwas aus sich". Kein Wunder, dass mit Geschmack schließlich das Verhältnis zur Mit- und Umwelt überhaupt gemeint sein kann. Wenn etwas ohne Geschmack bleibt, gilt es als fad und langweilig, und schließlich als überflüssig oder gar sinnlos. Und wie schlimm, zum Beispiel durch Corona, seinen Geschmack zu verlieren. Kafkas „Ein Hungerkünstler", diese stark autobiografisch geprägte Schaustellerfigur im Zirkus des modernen Lebens, bekennt am Ende, er habe gehungert, „weil ich nicht die Speise finden konnte, die mir schmeckt. Hätte ich sie gefunden, glaube mir, ich hätte kein Aufsehen gemacht und mich vollgegessen wie du und alle."[31] Wie viele geraten genau deshalb durcheinander, mit den extremen Pendelbewegungen von Magersucht und Fresssucht, von Zuviel und Zuwenig. Zum Geschmack gehört offenkundig Feinsinn und Maß. Und das nicht nur im Blick auf Angebot und Konsum vom Einzelnen, sondern im Ganzen. Wer inmitten des Vielerlei wirklich das Wesentliche zu suchen und zu finden vermag, gilt im philosophischen Denken Europas als lebenskundig und „weise". Noch mehr als mit Geruch (s. o.) wird Weisheit mit Geschmack (vgl. das lateinische Wort sapor) verbunden. Der große Nikolaus von Kues zum Beispiel schreibt einen Dialog zur Lebenskunst mit dem Titel: „Die Jagd nach der Weisheit" (wobei spielerisch offenbleiben darf, wer da eigentlich wen jagt).[32]

Dieser Geschmack für die Lebensweisheit wird entsprechend auch religiös entfaltet: „Schmeckt und seht, wie ‚süß' der Herr ist" (Ps 34,9 übersetzt von Hieronymus) – so lautet die Lebensempfehlung bei den Frommen Altisraels. Ganz im Unterschied zu Kafkas Hungerkünstler haben sie das gefunden, was ihnen schmeckt und guttut. Entsprechend erzählen die Jesus-Geschichten von ihm als Weisheitslehrer und Lebensbegleiter, der aus ureigener Erfahrung weiß, was wirklich schmeckt und vollends sättigt. Das bietet er an, in seinem letzten Abendmahl wie auch in vielen anderen Mahlzeiten. Christliche Mystiker*innen sprechen deshalb gern in der Sprache des Hungers und der Sättigung von dem, was ihr Leben ausmacht.

IL: So zum Beispiel Dorothee Sölle, für die Psalmen das Brot sind, das bei spiritueller Magersucht helfen kann ... Auch zwei großartige Filme können auf den Geschmack bringen: „Chocolat" mit Juliette Binoche in der Hauptrolle habe ich früher gerne im Konfirmationsunterricht gezeigt. Im Anschluss sollten die Jugendlichen zusammenstellen, was ein kleiner oder auch größerer Bissen Schokolade alles bewirkt: Befreiung, Gemeinschaft,

Versöhnung, Trost, Liebe ... Eine wunderbare Illustration dessen, was in jedem Abendmahl gefeiert wird. Der andere Film ist für Jugendliche definitiv zu langweilig. „Babettes Fest" basiert auf einer Erzählung von Tania Blixen. Wenn ich nur daran denke, läuft mir das Wasser im Mund zusammen. Wie die ehemalige Meisterköchin aus dem Pariser Café Anglais auf ihrer Flucht vor einem Bürgerkrieg in einem kleinen, an einem norwegischen Fjord gelegenen Städtchen landet und eine Aufgabe als Dienstmädchen bei den Propst-Töchtern Martine (nach Martin Luther) und Philippa (nach Philipp Melanchthon) findet, die inzwischen die Gemeinde des verstorbenen Vaters leiten. Wie Babette also in einem durch und durch sinnenfeindlich pietistischen und armseligen Milieu ankommt, nach einiger Zeit einen Lotteriegewinn erzielt und als Dank für das gewährte Asyl in Erinnerung an den 100. Geburtstag des Propstes ein Gastmahl für die mittlerweile sehr zerstrittene Gemeinde ausrichten möchte. Sie nimmt Urlaub und veranlasst, dass Veuve Clicquot, feine Weine, exotische Schildkröten und vieles mehr geliefert werden, deren Entdeckung bei den Gemeindemitgliedern sowie Martine und Philippa Panik und Alpträume auslöst. Die Gemeinde schwört sich, Babette zuliebe zwar am Festmahl teilzunehmen, doch das Schmecken zu verweigern. Im Laufe des Abends bewirkt das Festmahl jedoch, dass niemand sich den Köstlichkeiten sinnlich entziehen kann. Die versteinerten Mienen werden weich, die vereisten Herzen tauen auf, die Zerstrittenen finden neues Zutrauen zueinander, und die Gemeinde erlebt Gemeinschaft. Einfach wunderbar. Das alles läuft über den Geschmackssinn ...

Nach einer berühmten Definition von Daniel Friedrich Schleiermacher ist Religion „Sinn und Geschmack fürs Unendliche".[33] „Babettes Fest" veranschaulicht das auf seine Weise. Der Theologe Schleiermacher deklariert die Religion als eine vom Denken beziehungsweise der Metaphysik und vom Handeln beziehungsweise der Moral unabhängige beziehungsweise eigenständige Form des Zugangs zur und des Umgangs mit der Wirklichkeit. Analog zu Sinn und Geschmack verwendet er Anschauung und Gefühl als Formel für Religion. Das Angeschaute beeinflusst den Anschauenden oder mit anderen Worten: Das Unendliche beziehungsweise Ewige offenbart sich in der endlichen Wirklichkeit und ruft entsprechende Gefühle wie Ehrfurcht und Dankbarkeit hervor.[34] Dieser besondere religiöse „Geschmackssinn" ermöglicht etwas wie eine mystische Erfahrung: „Jener erste geheimnisvolle Augenblick, der bei jeder sinnlichen Wahrnehmung vorkommt, ehe noch Anschauung und Gefühl sich trennen, wo der Sinn und sein Gegenstand gleichsam ineinandergeflossen und eins geworden sind, ehe noch beide an ihren ursprünglichen Platz zurückkehren – ich weiß, wie unbeschreiblich er ist und wie schnell er vorübergeht [...]. Könnte und dürfte ich ihn doch aussprechen, andeuten wenigstens, ohne ihn zu entheiligen! Flüchtig ist er und durchsichtig wie der erste Duft, womit der Tau die erwachten Blumen anhaucht, schamhaft und zart wie ein jungfräulicher Kuss, heilig und fruchtbar wie eine bräutliche Umarmung; ja, nicht *wie* dies, sondern er *ist* alles dieses *selbst*."[35] Da bleibt nur der Wunsch: Mögen wir auf den Geschmack kommen ...

Gesinnung

GF: Die Redewendung vom Gesinnungstäter bringt es auf den Punkt: Da handelt jemand aus innerster Überzeugung, und das kann bis zum Extrem heroischer oder auch fanatischer Tat gehen. In jedem Fall tut sich eine Spannung von Innen und Außen auf, und manche unterscheiden deshalb seit Max Weber zwischen Gesinnungs- und Verantwortungsethik. Aber trennen lässt sich das nicht. In der Tat kann man in besten Absichten und Vorsätzen stecken bleiben, und doch kommt es nie zur Entscheidung und Ausführung. Die innere Haltung findet zu wenig Ausdruck. Wenn wir freilich einen Menschen mit guter Gesinnung treffen, ist wohl immer schon seine Ausstrahlung und sein guter Wille gemeint: Aus der Mitte seines Wesens kommt etwas rüber, was sich positiv auswirkt. Freilich: Gutgemeint ist oft das Gegenteil von gut! Bloße Gesinnung reicht nicht und bleibt auch diffus, es muss zum entsprechenden Verhalten und Tun kommen. Gesinnung kann leicht etwas Narzisstisches beinhalten, Verantwortung hat immer Handlungszusammenhänge, Gestaltungsräume im Blick und „antwortet" auf Herausforderungen von außen.

Biblisch geschulterte Ohren werden vermutlich schnell an Sätze wie den von Paulus denken: „Seid so gesinnt wie Christus Jesus" (Phil 2,5). Da ist also eine Lebenshaltung gemeint, ein Stil, sogar eine Wahl und Entscheidung. Das griechische Wort dafür hat mit Denken zu tun, mit Klugheit und Überzeugung. In der Goethezeit hat dann Lessing das französische Wort sentiment mit Gesinnen wiedergegeben, was schön die dynamisch praktische Dimension von Selbstverwirklichung unterstreicht. Paulus lädt den Christenmenschen also ein, sich die Lebensart Jesu zu eigen zu machen. Und das nötigt dann erst recht dazu, zwischen guter und böser Gesinnung zu unterscheiden. Denn an ihren Früchten wird man sie erkennen.

IL: Gerade deshalb finde ich die Unterscheidung zwischen Gesinnungs- und Verantwortungsethik eigentlich überflüssig. Denn immer geht es um die Früchte, und nur eine Gesinnung zu haben, ohne Verantwortung zu übernehmen und entsprechend zu handeln, ist zu wenig und wirkt hohl. Das zusammengesetzte Wort Gesinnungsterror führt diese negative und ideologische Schlagseite von Gesinnung drastisch und plastisch vor Augen. Im Gegensatz dazu kommt im Ausdruck „Gleichgesinnte" ein positiver Aspekt zum Vorschein. Das von dir eingespielte Pauluszitat empfiehlt ja gerade das: Gleichgesinnte des Christus zu werden – und in ihm eine Gemeinschaft von Gleichgesinnten. Das rührt eine Sehnsucht in mir an. Auf Gleichgesinnte zu treffen ist ein Geschenk. Da gelingt die Verständigung leichter. Da lassen sich gemeinsame Projekte anstoßen und realisieren. Da entsteht so etwas wie ein Heimatgefühl. Ganz nach dem Sprichwort: „Gleich und gleich gesellt sich gern", womit wir wieder bei Schleiermacher wären: „Ist die Religion einmal, so muss sie notwendig auch gesellig sein". Im Blick auf den Menschen meint er: „Was zu seinen Sinnen eingeht, was seine Gefühle aufregt, darüber will er Zeugen[innen], daran will er Teilnehmer[innen] haben."[36] So etwas wie Gleichgesinnte eben.

Glaubenssinn

GF: Natürlich fällt mir als Theologe dazu gleich Religiöses und Kirchliches ein. Aber viel elementarer ist doch eine Alltagserfahrung, so selbstverständlich, dass man sie fast übersieht. Ohne Glauben kann man nicht leben, wenigstens ein Minimum an Daseinsvertrauen muss da sein. Mit Franz Kafka gesprochen: „Allein die Tatsache unseres Lebens ist in ihrem Glaubenswert gar nicht auszuschöpfen."[37] Warum sagt wohl jede Mutter, wenn sie zum Beispiel ihr gestürztes Kind umarmt und tröstet: „Es wird alles wieder gut"? Woher diese Zuversicht, warum diese kühne Behauptung? Da ist ein elementares Lebensvertrauen, ein Glaubenssinn, ein Tiefengespür. Noch sprechender ist vielleicht der Mut, sich lieben zu lassen und zu lieben. Woher das Vertrauen in die Zukunft, in die gemeinsame sogar? Woher die Kraft zum „Ja" in guten und schweren Zeiten? Albert Camus hat recht, wenn er wie zum Gegentest den Suizid als das zentrale Problem der Philosophie nennt: Warum am Leben bleiben? Warum Leben eher geben als (sich) nehmen? Entsprechend führt die Frage nach dem basalen Lebensglauben in abgründige Tiefen und gibt immer neu Anlass zum Staunen.

Und damit ist die Tür zum ausdrücklich Spirituellen und Religiösen weit offen. Da geht es ja um das Gespür, was glaubhaft ist und trägt, im Vorletzten und im Letzten. Worauf ist wirklich Verlass im Leben und Sterben? Wem glaube ich was? Von wem lasse ich mir etwas sagen und gesagt sein? „Die Botschaft hör ich wohl, allein mir fehlt der Glaube" – das ist die eine mögliche Grundform der Antwort auf das, was ich zu hören bekomme.

Die andere sagt: „Ich glaube – dir/das", „Das ist sinnvoll für mich", „Ich verlasse mich darauf".

IL: Mich beeindruckt, wie die Dichterin Hilde Domin „Vertrauen, dieses schwerste ABC" ins Bild bringt.[38] „Ich setzte den Fuß in die Luft, / und sie trug." So schreibt sie nach dem Tod ihrer Mutter in einem Brief an den Bruder. Die Poesie hat sie vor dem Suizid bewahrt. In leicht abgewandelter Form findet sich dieser Satz auf ihrem Grabstein – sie selbst hatte das so veranlasst. Domin formuliert einen Trotzdem-Glauben, der Schwerkraft trotzend. „Nur eine Rose als Stütze", so der Titel ihres ersten veröffentlichten Gedichtbandes. Zerbrechlich, schwach und doch Halt gebend. Glaubenssinn als Gespür für das, was trägt, als ein immer neues Sich-Verlassen im doppelten Sinn: Ich sehe von mir ab, verlasse mich auf etwas anderes, von dem ich vertrauend hoffe, dass es mich nicht verlässt. Wo sind die Schulen, in denen dieses Alphabet des Vertrauens gelehrt und gelernt werden kann?

GF: Gerade im christlichen Glaubensverständnis ist das Vertrauen zentral. Hier gilt erst recht: „Der Glaube kommt vom Hören" (Röm 10,17) – nämlich auf das Glaubenszeugnis anderer, auf die Verkündigung des Evangeliums in Wort und Tat, kurz: auf Gottes Wort. Im Zusammenspiel von Verkündigung und Zustimmung erschließen sich Sinn und Kraft des Gottesglaubens. Und das ist immer ein Geschenk und natürlich auch ein Wagnis (vergleichbar mit dem Ja in der Liebe). Bibel und Kirche sprechen deshalb vom Heiligen Geist, der in und zwischen uns wirkt und beides ermöglicht:

die Zusage von außen durch andere und die Zustimmung von innen durch mich beziehungsweise uns. Durch diese Geistkraft leuchtet die Botschaft ein: Glaubhaft ist nur die Liebe. Je länger man damit Erfahrungen macht – zum Beispiel im Gebet und im Dasein für andere und mit ihnen –, desto mehr kann sich dieser Glaubenssinn vertiefen und schärfen. Manche sprechen dann sogar von Glaubensinstinkt, vom richtigen Riecher sozusagen.

Dieser inhaltlichen Sinnhaftigkeit (als sensus fidei) korrespondiert eine andere Dimension. Denn zum Christwerden gehören mindestens zwei – einer, der die Zusage Gottes ausspricht und weitergibt und einer, der sich's gesagt sein lässt und einwilligt. Es braucht Beziehung und Gemeinschaft, es entstehen Gruppen und Gemeinden, es braucht Kirche: Deren innere Musik ist „der Glaubenssinn der Gläubigen", da wird das Wirken des Heiligen Geistes konkret. Er erinnert und bindet an Jesus, in ihm ruft zum Beispiel die gottesdienstliche Gemeinde im Lustschrei der Beglückung wie im Notschrei des Leidens: „Abba, Vater" (Röm 8,15). Das gemeinschaftliche Glauben und Handeln aufgrund derselben Basisüberzeugung lebt von der Erfahrung einer elementaren Verbundenheit und Gleichsinnigkeit „im Heiligen Geist" und das trotz großer Unterschiede im Inneren und nach außen. Kirche ist immer diese Gemeinschaft der Glaubenden, ein Raum der Gleichgesinntheit, trotz und in aller Vielstimmigkeit. „Ein Christ ist kein Christ", heißt es von früh an (Cyprian). Das verbindet, das gibt Kraft. „Der Glaubenssinn der Gläubigen ist unfehlbar", denn Gottes Geist darin kann nicht irren und führt nicht in die Irre. De facto schließt das Missverständnisse,

Konflikte, ja Konfessionskriege und Irrtümer im Einzelnen aber nicht aus. Oft führt es zu Spannungen zwischen Einzelnen und der Gemeinschaft, bekanntlich leider auch zu Trennungen. Geschichte und Gegenwart der Kirchen zeigen das zur Genüge, aber nicht minder deutlich ist inzwischen der ökumenische Wille zu versöhnter Verschiedenheit, zu wirklicher Einheit in wirklicher Vielfalt. Unfehlbare Basis aber ist das gemeinsame Glaubens- und Taufbekenntnis, der Glaubenssinn des Gottesvolkes. Und der zielt auf Kon-Sens in der Realisierung des Glaubens. Das setzt ein inneres Mitfühlen mit den Belangen der eigenen Kirche und aller voraus, ein Grundgefühl von Solidarität und Gemeinschaft, im durchaus positiven Sinne auch so etwas wie einen Corps-Geist. „Fühlen mit der Kirche" nannte das ein Ignatius von Loyola. Solch ein Zusammengehörigkeitsgefühl schließt eigene Urteile und Wege nicht aus, im Gegenteil. Immer neu ist diese Spannung zwischen Individualität und Sozialität desselben Glaubens geschichtlich auszumendeln.

Konkret wird das zum Beispiel in den Lesarten der Bibel, die es ja ohne die Kirche als Gemeinschaft gar nicht gäbe. Sie ist aus der Vielfalt unterschiedlicher Glaubensgeschichten entstanden und bezeugt sie. In allem aber ist ihre innere Mitte spürbar, die Freude an Gottes Gegenwart in unserer Welt. Martin Luther meinte deshalb, die Bibel als Heilige Schrift spreche für sich selbst, ihre Wahrheit leuchte unmittelbar ein – jedenfalls im Glaubenssinn der Glaubenden und dank seiner.

IL: Der sensus fidelium gilt in der römisch-katholischen Kirche neben Schrift und Tradition, Theologie und

Lehramt als eine Säule der Wahrheitsfindung. Als katholische Theologin habe ich früher darunter gelitten, dass er kaum eine Rolle spielte, wenig beachtet wurde. Heute, als evangelische Pfarrerin, frage ich mich: Wo wird dieser Glaubenssinn gemeinsam erforscht? Wo sind Orte, an denen er sich artikuliert? Der Kommunikationspsychologe Friedemann Schulz von Thun ruft immer wieder in Erinnerung: „Die Wahrheit beginnt zu zweit." Das greift eine Formulierung von Friedrich Nietzsche auf: „Einer hat immer unrecht, aber mit zweien beginnt die Wahrheit."[39] Meines Erachtens bräuchte es viel mehr Kommunikation und Auseinandersetzung, Dialog und Streit in den Kirchen. Um es konkret zu machen: Wie reden wir über „Gott"? In vielen Gesprächen, meistens in der Vorbereitung auf eine Trauerfeier, höre ich heraus: Die Menschen glauben, sie spüren, dass es da etwas gibt ... Doch sie scheuen sich, das „Gott" zu nennen. Und ich selbst habe vor allem Mühe mit der Rede vom „Vater" oder „Herr". Diese personalen Bilder, nicht nur in ihrer männlichen Einseitigkeit, erlebe ich als schief. Doch in der liturgischen Sprache findet dieses weit verbreitete Unbehagen meist wenig Resonanz. Manchmal gewinne ich da den Eindruck, Bequemlichkeit und fehlender Mut werden verbrämt, indem es dann heißt: Ein bisschen Fremdheit muss sein ...

Um auf deinen Anfang zurückzukommen: Ergänzend zum Phänomen, dass wir bisweilen unbewusst im Vertrauen leben, dass das Leben Sinn hat und dass alles gut wird, gibt es auch den Glaubenssinn als Einstellung zum Wissen. Der in der Einleitung erwähnte Philosoph Volker Gerhardt entfaltet gründlich diese Rationalität des Glaubens. „Der Mensch kann vieles wissen, und er darf in der Erwartung leben, dass sich die Bestände des Wissens im Gang seiner kulturellen Evolution durch zunehmende Archivierung, unablässige Revision und fortgesetzte Expansion erweitern. Umso schmerzlicher sind die damit verbundenen Erfahrungen, nicht alles wissen zu können, und der ziemlich verlässliche Schluss auf die Tatsache, dass dies immer so bleiben wird. Je mehr wir wissen, umso genauer wissen wir, dass wir so gut wie nichts wissen. Der Glaube als Einstellung zum Wissen kann somit nicht als zeitweilige Ersatzvornahme verstanden werden, die sich erledigt, sobald das Wissen auch die Bereiche abdeckt, die den Menschen mit Blick auf seine Gewissheit in existentiellen Fragen interessieren. Der Glauben muss vielmehr als eine grundsätzliche Kompensation dessen gesehen werden, was das Wissen gerade dem Wissenden versagt."[40]

GF: Auch wenn schon Platzmangel ist – ich muss dir nochmal Resonanz geben. Dass Glauben „eine grundsätzliche Kompensation zum Wissen" sei, ist philosophisch gewiss eine wichtige Beobachtung – aber spirituell meines Erachtens viel zu wenig. Ist nicht Glauben *die* grundlegende Basis und allem Wissen zuvor? Ohne Vertrauen läuft nichts, was produktiv und mitmenschlich zum Leben beiträgt. Also wenn schon, sind Glauben und Wissen *gleich*ursprünglich und können im Prinzip nicht gegeneinander ausgespielt werden.

Ebenso spannend ist unsere ökumenische Geschichte und Perspektive: Ich verdanke evangelischen Christ*innen und ihrer Theologie unendlich viel und deshalb freue ich mich besonders am Gespräch mit dir. Ich ahne und weiß sehr wohl, was du mit deinem Leiden am Doktrinären, Patriarchalen und Klerikalen meinst – also der konkreten Verachtung des Glaubenssinns aller Glaubenden. Und das als (Kirchen-) Mann und Priester erst recht. Aber ich glaube, wir haben in unseren Kirchen im Grunde dasselbe Problem: nämlich, ob und wie wir den Geist Jesu untereinander und füreinander glaubwürdig abbilden und das nicht nur als Einzelne, sondern als Gemeinde, Gemeinschaft und Kirche. Wie funktioniert das konkret mit dem Hören und Sagen dessen, was wir das Wort Gottes nennen – also mit dem gemeinsamen Glauben und Hoffen, dass doch nur Gott das letzte Sagen hat (und sogar das Hören). „Gott kannst du nie mit einem anderen reden hören, sondern nur wenn du der Angeredete bist."[41] Aber genau das muss mir vermittelt werden, ich kann es mir nicht selbst sagen und gesagt sein lassen. Aber wie hören wir als Einzelne und als Kirchen auf ihn, auf sein letztes Wort in unseren sehr vorletzten und verletzenden?

Hintersinn

GF: In einen Hinterhalt zu geraten, ist gefährlich und kann tödlich sein. Auf ein faules oder falsches Versprechen hereinzufallen, wünsche ich selbst meinem Feind nicht. Wir Menschen sind vielschichtige und abgründige Wesen, zum Bösen wie zum Guten. Hintersinnig empfinde ich Formulierungen, die mehr sagen, als sie sagen. Da steckt mehr dahinter. Eine schlichte Einladung, dass schon zwei Stühle aufgestellt sind, kann in Wahrheit eine Liebeserklärung sein. Und eine ruhige Rückmeldung im Gespräch, die spiegelt und bestätigt, kann darüber hinaus eine Botschaft enthalten. Die Worte und Gebärden, die wir austauschen, kommen des Öfteren von weit her und bringen ihre Geschichten und Bedeutungshöfe mit. Das gilt es mit zu erspüren und zu hören. Wichtig ist, dass solcher Hintersinn nicht in Doppelbödigkeit und double-bind-Botschaften kippt, die „hinterrücks" viel Unheil anrichten. Mit Recht hat zudem schon Nietzsche jene frömmelnden „Hinterweltler" kritisiert, die diese Welt zugunsten einer angeblich jenseitigen abwerten wollen. Hintersinn, der die Vielfachbedeutung des Irdischen und Göttlichen erspürt und ausdrückt, bereichert – aber nie sollte es auf Kosten von Klarheit und Transparenz gehen, ganz im Gegenteil.

IL: In Mascha Kalékos Gedicht „Sozusagen grundlos vergnügt" finden sich die Zeilen: „Dass Herbst dem Sommer folgt und Lenz dem Winter, / Gefällt mir wohl. Da steckt ein Sinn dahinter, / Wenn auch die Neunmalklugen ihn nicht sehn. / Man kann nicht alles mit dem Kopf verstehn!"[42] Das bringt mich zum Schmunzeln. Hintersinniges hat auch mit Humor und dessen heiterer Vernunft zu tun, die die nicht erkennen können, die sich von einer eindimensionalen Rationalität leiten lassen. Ein kurzer jüdischer Witz im Dialog möge das veranschaulichen: „Stellt euch vor, mein Rabbi spricht mit Gott.' ‚Das glaube ich nicht. Dein Rabbi lügt.' ‚Meinst du wirklich, Gott würde mit jemandem reden, der lügt?'"[43] Das hört sich verdreht an. Der Sinn für Logik wird irritiert. Witze, Anekdoten, Sprichwörter sind oft hintersinnig. Die Wahl fiel auf diesen Witz, weil da auch Spirituelles mitschwingt: Beten als Mit-Gott-Reden ist vermeintlich der Normalfall. Also irritiert schon das einleitende „Stellt euch vor". Denn was sollte ein Rabbi anderes tun? Umso erstaunlicher die Reaktion, in der der Rabbi der Lüge bezichtigt wird. Und dann der Höhepunkt: Gott spricht! Aber doch nicht mit einem, der lügt. Und zugleich stellt sich die Frage: Spricht Gott nicht allerorten und allezeit und mit allen?

Jesus hat oft hintersinnig gesprochen. Deshalb die Form der Gleichnisse. Da steckt ein Sinn dahinter, den die Neunmalklugen sehenden Auges sehen und doch nicht erkennen und hörenden Ohres hören und doch nicht verstehen (vgl. Mk 4,10–12).

Hörsinn

IL: Momo – Michael Endes Roman über das Mädchen mit einem genialen Hörsinn wird 2023 50 Jahre alt. Und er scheint heute noch aktueller als zur Zeit seiner Erscheinung. Momo vermag den grauen Herren, die die Zeit rauben, das Handwerk zu legen. Sie erkennt, auf welche lebensfeindlichen Abwege das Zeitsparen führt, für das die grauen Herren die Menschen gewinnen wollen. Ihre Fähigkeit zuzuhören, schafft das Gefühl von „Zugehörigkeit". Sie hört mit dem Herzen und in die Herzen hinein. Und sie verkörpert und praktiziert damit das, was die feministische Theologin Nelle Morton das „Hearing to speech" nannte. Es geht dabei um eine Haltung, eine offene Präsenz, ein Anhören, die es erst ermöglichen, dass Bedrückendes, Schmerzhaftes, Beängstigendes zur Sprache kommen und so ausgesprochen werden kann, dass dieses Sprechen tröstet und befreit. In diesem Sinn ließe sich also sagen: Nicht nur das Vertrauen kommt vom Hören (vgl. Röm 10,17), sondern auch das Beichten, das Bekennen, das Zugeben-Können.

GF: Ja, so gesehen kommt alles Menschliche vom Hören: Von Geburt an sind wir uns vorgegeben; mit jedem Geräusch schon lassen wir uns etwas sagen, was wir uns selbst nicht sagen können. Das Ohr ist das erste völlig ausgebildete Organ des Menschen. Vom dritten Monat an kriegt er hörend „alles" mit. Natürlich können wir abschalten, da geht eine Rede beim einen Ohr rein, beim anderen raus. Auch die Kunst, etwas zu überhören und sich nicht gleich in Widerrede zu verhaken, will gelernt sein. Aber grundlegend ist doch, dass wir offen und empfänglich sind bis hin zum Hörschmerz bei Alarm und Getöse. Je feiner unser Gehör, je achtsamer und lauschender unsere Antennen, desto besser für den Umgang mit sich und anderen. „Hab ich dein Ohr nur, find ich auch mein Wort", meinte einmal der große Zeitkritiker Karl Kraus. Umgekehrt gibt es eine schwerhörige Selbstgenügsamkeit, die den Austausch behindert und einsam macht. Hörsinn ist ja die Kunst, sich etwas sagen zu lassen – und das ersehnte gute Wort darf dann durchaus auch mal ein kritisches und sogar ein konfrontierendes sein. Wunderschön hat Etty Hillesum dieses Geheimnis des Dialoges zwischen Gott und Mensch für sich entdeckt und dann formuliert: „Eigentlich ist mein Leben ein unablässiges ‚Hineinhorchen' in mich selbst, in andere, in Gott. Und wenn ich sage, ich ‚horch hinein', dann ist es eigentlich Gott in mir, der ‚hineinhorcht'."[44]

IL: Wunderbar, dieses Zitat von Etty Hillesum. Das Hineinhorchen entspricht im Grunde einem umfassenden Gehorchen. Doch das Wort ist in Verruf geraten. Kinder haben den Eltern zu gehorchen – diese Maxime autoritärer Erziehung hat viel Unheil angerichtet. Doch wie so oft wurde das Kind mit dem Bade ausgeschüttet. Blinden oder gar Kadavergehorsam zu fordern, empfinde ich als Katastrophe. Gerade hier hilft das Wort „Hörsinn" weiter. Wenn es in der Apostelgeschichte so eindrücklich und vermeintlich eindeutig heißt: „Man muss Gott mehr gehorchen als den Menschen" (Apg 5,29), dann geht es um eine Form von Gehorsam, die eher einem Erspüren und Erforschen dessen gleicht, was in einer Situation zu tun oder zu lassen ist. Dazu braucht es einen Hör-Sinn. Den können wir schulen, der kann gebildet werden. Da bleibt Raum für Dialog, Widerspruch, für Zwischentöne – da geht es um Annäherung. Das Göttliche ist sprechende, bisweilen auch flüsternde oder schweigende Wirklichkeit: „die Stimme eines verschwebenden Schweigens" (1 Kön 19,12 in der Übersetzung Martin Bubers).

Dafür Ohr zu werden sowie Gott ein Ohr für die Schreie der Menschen hat (vgl. 2 Mose 3,7): Gebet ist für mich wechselseitiges „Leg-dein-Ohr-an-mein-Herz". Diese Imagination finde ich hilfreich: Gott legt sein Ohr an mein Herz und auch an das Herz der Welt, aber auch ich lege mein Ohr an Gottes Herz. Inspiriert wurde diese Vorstellung von Augustinus. Klaus Hemmerle hat in einer Gebetsschule aber auch das Umgekehrte empfohlen, nämlich das Herz an Gottes Ohr zu legen.[45]

Irrsinn

IL: „Errare humanum est" – ein Zitat, das vielleicht manche kennen, auch wenn sie kein Latein gelernt haben. Der Psychiater und Psychiatriehistoriker Klaus Dörner hat Ende der 1970er Jahre zusammen mit anderen ein Lehrbuch für Psychiatrie und Psychotherapie herausgebracht, das zum Klassiker wurde und das genau diesen Titel trägt: „Irren ist menschlich". Im Vorwort wird der Titel erklärt. Er soll daran „erinnern, dass die Psychiatrie ein Ort ist, wo der Mensch besonders menschlich ist; das heißt wo die Widersprüchlichkeit des Menschen oft nicht auflösbar, die Spannung auszuleben ist: so das Unmenschliche und das Übermenschliche, das Banale und Einmalige, Oberfläche und Abgrund, Passivität und Aktivität, das Kranke und Böse, Weinen und Lachen, Leben und Tod, Schmerz und Glück, das Sich-Verstellen und Sich-Wahrmachen, das Sich-Verirren und Sich-Finden. Die Frage ‚Was ist ein psychisch Kranker?' ist fast so allgemein wie die Frage ‚Was ist ein Mensch?'"[46] Das Konzept gemeindenaher Psychiatrie: Es ist begrüßenswert, doch es macht auch Angst. Mir geht es jedenfalls so. Und teilweise scheint die Angst auch begründet. Das Lehrbuch öffnet die Augen, denn in nicht krankhafter, neurotischer Form kennen das alle: Umwege der Liebe, (schizophrene) Zerreißproben, (manischen) Aufruhr, die Unfähigkeit zu trauern, die Depressiven eigen ist, Süchte, Ängste, wahnhaftes Kopfkino ... Also: Der Irr-Sinn ist menschlich. „Er ist von Sinnen" (Mk 3,21) befanden auch die Familienangehörigen im Blick auf Jesus ...

GF: Ja, diese Fehlerfreundlichkeit ist ganz wichtig. Wie viel gütiger und mitmenschlicher, mitgeschöpflicher ginge es zu, wenn wir uns Menschen nicht als „Restrisiko" betrachten und mehr eine Art Recht auf Irrtum praktizierten – natürlich mit dem Mut zur Selbstkorrektur, zur Kritik und Transparenz. Aber ich höre bei „Irrsinn" zuerst das umgangssprachliche „irre" mit, das Verrückte und Begeisternde. Da wird das Übliche durchbrochen, da ist Ekstatisches im Spiel, endlich mal raus aus dem Rad der Gewöhnlichkeit. Deshalb ist mir ein Brief des geliebten Teilhard de Chardin so wichtig. Eine Freundin hatte ihm geschrieben, ziemlich verzweifelt wegen ihres schwerkranken Gefährten. In seinem Antwortbrief macht er ihr Mut; sie solle alles für seine Gesundung tun, was in ihrer Macht steht. Aber angesichts des Todes helfe letztlich nur eins: „irrsinnig das Größere als man selbst lieben". Konkreter: „Derart das Leben lieben und uns derart ihm anvertrauen, dass wir es umarmen und uns selbst durch den Tod hindurch in es hineinstürzen – das ist die einzige Haltung, die Sie zu beruhigen und zu stärken vermag."[47]

Lebenssinn (beziehungsweise der Sinn des Lebens)

IL: Die Sinnforscherin Tatjana Schnell unterscheidet zu Beginn ihrer Studie den Lebenssinn vom Sinn des Lebens. Die empirische Forschung zur „Psychologie des Lebenssinns"[48] untersucht, wie Menschen mehr oder weniger Sinn erfahren, ihr Leben als sinnvoll, sinnerfüllt oder sinnleer erleben, in einer Sinnkrise stecken und (sich den) Sinnfragen stellen. Drei Schlussfolgerungen der auf qualitativen Studien und quantitativen Messungen basierenden Forschung scheinen mir besonders interessant für unser „Sinn-ABC". Deshalb erlaube ich mir, diese ausführlicher wiederzugeben.

1. Wer sein Leben als sinnhaft empfindet, bewertet es (meist unbewusst) als kohärent und bedeutsam und erfährt sich als orientiert und zugehörig.[49]

In Lebens- oder Sinnkrisen kann es meines Erachtens hilfreich sein, bewusst nach diesen vier Elementen zu fragen und diese bewusst zu machen und zu stärken. Am Beispiel der Terror-Miliz „Islamischer Staat" zeigt sich die Relevanz einer solchen Forschung. Denn es hat sich ergeben, dass Menschen zum Beispiel aus Deutschland sich solchen Gruppierungen in aller Regel nicht aus politischen oder religiösen Überzeugungen anschließen, sondern weil sie auf diesem Weg ihr Bedürfnis nach Sinnerfüllung (Orientierung, Zugehörigkeit, Bedeutsamkeit, Kohärenz) zu befriedigen suchen.[50] Also ist es in solchen Fällen wenig ertragreich, sich auf eine inhaltliche Diskussion einzulassen. Vielmehr muss erspürt werden: Was suchen diese Menschen eigentlich? Was fehlt?

2. Unter der Frage „Was ist im Leben bedeutsam?" wurden Faktoren ausfindig gemacht, denen Menschen Lebensbedeutung zusprechen. Dazu gehören Religion, soziales Engagement, Naturverbundenheit, Macht, Wissen, Moral, Wellness etc. Die insgesamt 26 Lebensbedeutungen werden fünf verschiedenen Sinn-Dimensionen zugeordnet – und das ist nun in spiritueller Hin-

sicht spannend: Unterschieden wird eine „vertikale Selbsttranszendenz", die sich auf Religion und Spiritualität bezieht, von einer „horizontalen", die sich zum Beispiel auf soziales Engagement, Naturverbundenheit oder Generativität ausrichtet. Zur „Selbstverwirklichung", der dritten Dimension, gehören Lebensbedeutungen wie Individualismus, Leistung und Kreativität, zur vierten Dimension, der „Ordnung", zählen Tradition, Moral und Bodenständigkeit und zur fünften, dem „Wir- und Wohlgefühl", Gemeinschaft, Liebe, Wellness und Harmonie. Um es kurz zu machen: Generativität erweist sich – das belegen die Untersuchungen – als die größte „Sinnstifterin". Im psychosozialen Entwicklungsmodell von Erik H. Erikson wird sie dem mittleren Erwachsenenalter als Aufgabe zugewiesen, doch in der vorliegenden Studie wurde sie altersunabhängig als am bedeutsamsten ausgewiesen, um das Leben als sinnvoll zu erfahren. In der Generativität geht es nach Erikson „darum, ‚die Liebe in die Zukunft zu tragen', indem man einen Beitrag für die Gesellschaft, das größere Ganze, die nachfolgenden Generationen leistet."[51] Allerdings wäre es nun der Studie zufolge nicht angeraten, allein der Generativität Bedeutung beizumessen. Es braucht offensichtlich mehrere Lebensbedeutungen aus unterschiedlichen Sinndimensionen, um das Leben als erfüllend zu erfahren. Und zur Breite und Balance der Lebensbedeutungen sollte noch deren Tiefe kommen, die sich im „Grad der realisierten Selbsttranszendenz" ausdrückt. Sowohl der Psychologe Abraham Maslow als auch der Psychiater Viktor Frankl stehen hierfür Pate. Maslows berühmte Bedürfnispyramide gipfelte zunächst in der „Selbstverwirklichung" als höchstem menschlichen Entwicklungsziel. Mehr als 20 Jahre später hat er jedoch das frühere Konzept gleichsam vom Kopf auf die Füße gestellt, indem er die Selbsttranszendenz zur höchsten Entwicklungsstufe erklärte. Für Frankl, den Begründer der Logotherapie, stand bekanntermaßen fest, dass „Menschsein immer über sich selbst hinaus auf etwas verweist, das nicht wieder es selbst ist – auf etwas oder jemanden: auf einen Sinn, den da ein Mensch erfüllt, oder auf mitmenschliches Sein, dem er da begegnet."[52] Das deckt sich mit empirischen Forschungen, denen zufolge für Sinnerfüllung eine vertikale oder horizontale Selbstüberschreitung eine zentrale Rolle spielen. Wobei hier Abgrenzungen nach zwei Seiten hin nötig scheinen: Zum einen geht es nicht um eine Form von Selbstvergessenheit, die aus einem von sich selbst ablenkenden Medienkonsum o. Ä. resultiert. Zum anderen gilt es zu beachten, dass Selbsttranszendenz eine gesunde Beziehung zum eigenen Selbst einschließt.[53]

Die hohe Bedeutung der Generativität entspricht also der Bedeutung, die insgesamt der vertikalen und/ oder horizontalen Selbsttranszendenz zukommt. Damit ist meines Erachtens auf den Punkt gebracht, was auch das Doppel- (oder Dreifach-)Gebot der Liebe (vgl. Mk 12,30f) impliziert.

3. In einem Exkurs widmet sich die Sinnforscherin dem Themenkomplex „Sinn und Weltanschauung".[54] Dabei wird auch das Feld „Religiosität und Spiritualität" unter die Lupe genommen, dem teilweise sehr unterschiedliche weltanschauliche Annahmen zugrunde liegen. Ein Ergebnis ist, dass „Nur-Spirituelle", die Religion ab-

lehnen, psychisch labiler sind. Hier deutet sich meines Erachtens eine mögliche Bedeutung von Glaubensgemeinschaften wie den Kirchen an, deren Aufgabe es ja auch sein sollte, Menschen in ihrer Sehnsucht nach einem sinnerfüllten Leben zu unterstützen.

GF: Solche empirischen Untersuchungen sind gewiss spannend und hilfreich. Aber historische Tiefenschärfung und systematische Meta-Reflexion gehören auch dazu! Denn Begriffe wie Religion, Spiritualität oder Sinnsuche fallen ja nicht vom Himmel, sondern haben ihre Geschichte. Lass mich deshalb noch mal auf unsere Einleitung zurückkommen. Die Frage nach „dem" Sinn „des" Lebens entsteht im 18. Jahrhundert und ersetzt in gewisser Weise die bisherige Gottesfrage. Bis dahin fragte man natürlich nach den einzelnen Sinnen, und das im Bezug zu Vernunft, Geist und Gott. Wo die Sache mit Gott aber in die Krise kommt, wächst das Bedürfnis, ein Letztes anders zu denken und zum Beispiel nach „dem" Sinn zu fragen. Alles wird nun vor den Richterstuhl der menschlichen Vernunft als Letztinstanz zitiert. Hier wird entschieden, was als sinnvoll und sinnlos zu gelten hat. Dass da ein göttliches Gegen-Über sein könnte, das Sinnvolles *und* Sinnloses nochmals umfängt und in allem das letzte Wort zu sagen hätte, wird immer weniger glaubhaft. Die Sinnfrage im heute geläufigen Verständnis, das Ganze des Daseins und der Wirklichkeit zu gewichten, transformiert, ja ersetzt die Gottesfrage – jedenfalls in ihrer monotheistischen Tradition.[55] Denn da wird das ganze Leben mit Gelingen und Scheitern, mit Sinn und Unsinn ins Gebet genommen. Das letzte Urteil über alles wird ausdrücklich einem anderen überlassen; es wird ihm zum Beispiel zugetraut, selbst aus Bösem noch Gutes entstehen zu lassen und alles richtig zu stellen. Dieser Glaube an Gottes Gericht befreit uns Menschen von dem Zwang, selbst richten und in letzter Instanz bewerten zu müssen. Und vor allem: Gottes Gericht ist sein Erbarmen, denn „er wird kommen zu richten die Lebenden und die Toten", also der Hingerichtete – und der hat am eigenen Leib erlitten, wie viel Sinnloses es gibt. Deshalb ist sein Urteil gerecht und voll Erbarmen zugleich, es richtet auf und wieder her. Es befreit von dem hoch ambivalenten Druck, überall Sinn finden und stiften zu müssen. Gott bewahre uns vor den Sinnstiftern, er helfe uns stattdessen, unsere Vernunft und alle unsere Sinne zu gebrauchen! Wer derart alle Sinnfragen zugunsten der Gottesfrage glaubend zu überschreiten vermag, kann besser zwischen Letztem und Vorletztem unterscheiden. Bonhoeffer hat ganz recht: „Der unbiblische Begriff des „Sinnes" ist ja nur eine Übersetzung dessen, was die Bibel „Verheißung" nennt."[56] In dieser Perspektive christlicher Hoffnung muss man sogar von der Sinnfalle sprechen, denn in der Suche nach „dem" Sinn „des" Lebens fällt all das Sinnlose allzu oft durch den Rost. Gerade biblisch Glaubende sollten sich zum Anwalt auch des Sinnlosen machen und es ins Gebet nehmen. Der biblische Glaube erklärt nichts durch Ruhigstellung der Sinnfrage, nein, er befreit zu Lob und Klage, zu Dank und Anklage. Er lässt sich nicht beruhigen mit dem, was innerweltliche Sinn-Agenturen vermitteln und menschliche Sinnstifter behaupten. Da wird die Sinnfrage radikal offengehalten und aus guten Gründen einer höheren Instanz anheimgegeben. „Lass niemals von Gott! Liebe ihn! Wenn du das nicht kannst, dann streite mit ihm, klage ihn an oder rechte mit ihm, wie Hiob, ja, wenn du kannst, lästere ihn, aber – lasse ihn nie!"[57]

Leichtsinn

GF: Da höre ich gleich den erhobenen Zeigefinger mit, der es freilich nur gut meint. Nicht ohne Helm Fahrrad fahren, im Gebirge nicht zu nahe an den Felsabsturz gehen, nicht in schlechte Milieus abgleiten – immer ist Gefahr im Verzug, mehr oder weniger real. Nur nicht fahrlässig sein und gedankenlos! Früher sprach man (n) deshalb auch von leichten Mädchen. Spätestens bei der Zwischenbilanz oder gar beim großen Abwägen heißt es dann: zu leicht befunden, zu wenig Mostgewicht auf der Waage ... Aber Leichtsinn kann doch auch dem Wagemut verschwistert sein. Wer sich nicht der Gefahr aussetzt, kommt darin um. Man kann sich's auch zu leicht machen mit dem Abenteuer des Lebens: Wer nicht wagt, der nicht gewinnt. Jedenfalls sind Menschen, die das Leben leicht nehmen können, doch eher Glückspilze. „Nichts ist schwer, sind wir nur leicht", lautet ein wahrer Spruch. Recht hat er, das Schwere kommt sowieso dazu. Deshalb gilt es, das Glück zu suchen und „die Leichtigkeit des Seins", wie der Roman von Milan Kundera heißt. Paradox kommt das in einem Lockruf Jesu zum Ausdruck: „Mein Joch drückt nicht, und meine Last ist leicht" (Mt 11,30). Dasselbe meint wohl auch Paulus, der weiß Gott kein leichtes Leben hatte: So schwer es jetzt auch ist, alles wird gut und leicht, obwohl es

schwer bleibt (vgl. 2 Kor 4,17f). Authentische Spiritualität ist eben nichts für Leichtgläubige.

IL: Frei nach Kierkegaard ist das Evangelium Trost für
Schwermütige und Ernst für Leichtsinnige. An dieser
Stelle etwas Persönliches: Der Nachname „Leicht" ist
mein Geburtsname. Als mein Mann und ich 1989 hei-
rateten, gab es ohne zusätzliche Kosten nur die Möglichkeit, bei einem Doppelnamen den eigenen Nachnamen voranzustellen. Hätte ich mich für diese
Variante entschieden, hätte ich Leicht-Michalke ge-
heißen. Und das hätte man verballhornen können in
Richtung „Leicht-Meschugge" oder „Leicht- ...". Also
trägt mein Mann den Doppelnamen. Und ich muss
mich so immer mal wieder selbstkritisch fragen, ob ich
als zu leicht befunden werde (vgl. das Menetekel in
Dan 5,27) oder zu leichtsinnig bin und verbinde mit
diesem Nachnamen auch die Aufgabe, „leicht" zu
werden, also durchlässig und licht – das englische
„Light" zeigt hier den etymologischen Zusammenhang.
Bei leichtsinnig schwingt also auch mit, die Sinne auf
das Licht auszurichten. Ein Symbol für Gott selbst, in
dessen ewigem Licht wir leben (werden). In der letzten
Strophe von Kaschnitz' Gedicht „Auferstehung" kommt
diese auch heute schon mögliche Erfahrung von Auf-
gehoben-Sein schön zum Ausdruck: „Und dennoch
leicht / Und dennoch unverwundbar / Geordnet in geheimnisvolle Ordnung / Vorweggenommen in ein Haus
aus Licht."[58]

Möglichkeitssinn

IL: „Wenn es einen Wirklichkeitssinn gibt, muss es auch einen Möglichkeitssinn geben. [...] Wer ihn besitzt, sagt beispielsweise nicht: Hier ist dies oder das geschehen, wird geschehen, muss geschehen, sondern er erfindet: Hier könnte, sollte oder müsste geschehen; und wenn man ihm von irgendetwas erklärt, dass es so sei, dann denkt er: Nun, es könnte wahrscheinlich auch anders sein. So ließe sich der Möglichkeitssinn geradezu als die Fähigkeit definieren, alles was ebenso gut sein könnte, zu denken und das, was ist, nicht wichtiger zu nehmen als das, was nicht ist."[59] Robert Musils Rede vom Möglichkeitssinn empfinde ich als sehr inspirierend. Nichts muss so sein und bleiben, wie es ist. Die Kraft der Fantasie oder auch der Imagination eröffnet eine Perspektive jenseits der Realität. Und motiviert zu entsprechendem Handeln. Können so nicht die jesuanischen Zeichenhandlungen gelesen werden? Von fünf Broten und zwei Fischen werden Tausende satt (vgl. Joh 6,1–15). Was alles möglich ist, was „bei Gott" alles möglich wäre, wenn Menschen auf verrückte Weise vertrauten, offenblieben und teilten.

Menschen sind keine Mängel-, sondern Möglichkeitswesen. Das verdeutlicht Ingolf Dalferth in seinem Entwurf der passiven Kreativität.[60] Für ihn ist Gott selbst „die Wirklichkeit des Möglichen". Diese Wirklichkeit eröffnet kreative Lebensmöglichkeiten. Durch die eigene Passivität wird der Mensch kreativ. Die Passivität ist eine Begabung. Sie wird zum Ort der Gegenwart Gottes, zu dem sich kein Mensch selbst machen kann. „Wer *wir sind*, entscheidet sich nicht bei uns, sondern an dem, was wir *für andere werden* – für andere Menschen, für andere Geschöpfe, für Gott."[61]. Und das eben durch Gottes eigenes kreatives Sein und Wirken.

GF: Deshalb ist die verbreitete Maxime, dass etwas, zum Beispiel in der Politik, alternativlos ist, so irreführend. Das Gegenteil ist der Fall: Es gibt immer noch Möglichkeiten! Nur eines ist ohne Alternative, nämlich der Tod. Und selbst zu ihm können sich die Einstellungen bis fast zuletzt ändern. Was schon für den All-Tag gilt, hat grundsätzliche Bedeutung: Leben heißt, Chancen entdecken. Religiöser findet sich das in der Jesus-Überlieferung formuliert: „Bei Gott ist nichts unmöglich" (Mk 10,27). Er ist für jede Überraschung gut, man kann sich in allen Lebenslagen auf ihn verlassen. Nicht dass er oder sie zaubern könnte, aber Gott ist schöpferisch und voller Fantasie. Und er ist absolut verlässlich und stets ansprechbar. Das jedenfalls ist die Grundüberzeugung Israels, das ist die Botschaft Jesu. Deshalb ist in der Nachfolge Jesu so viel von Wundern die Rede, von unglaublichen Überraschungen in der Geistkraft Jesu. Deshalb sprechen Christinnen und Christen vom allmächtigen Gott – nicht, als wäre er oder sie ein Alles-Könner. Nein, das würde unsereinen ja entmündigen. Gemeint ist vielmehr, dass Gott unerschöpflich gut ist und uns selbst schöpferisch macht und Energie freisetzt. Hoffnung ist deshalb die angemessene Haltung. Wunderbar sind Wirklichkeits- und Möglichkeitssinn in der Geschichte Marias von der Ankunft Christi erzählt: Ganz kritisch fragt sie zurück und willigt dann umso entschiedener ein, voll Vertrauen auf Gottes Wirken im Alltag ihres Lebens (Lk 1,37).

So entsteht Neues, so kommt unsere Geschichte voran. Gemäß dem Spruch von David Ben Gurion: „Wer nicht an Wunder glaubt, ist kein Realist."

Nachsinnen

GF: Das ist, ähnlich wie Nachdenken und Nachfolgen, ein hintersinniges, fast möchte ich sagen, gemütliches Wort. Da brauche ich nicht vorpreschen und komme nicht in den Stress des Suchens und Erfindens. Ich kann mich be-sinnlich auf etwas beziehen, was schon da ist – mir zuvor und voraus. So wie ich immer schon Nachfahre bin und Vorfahren habe, so kann ich im Nachsinnen erst einmal wahrnehmen und nachschmecken. Je mehr Sinne beteiligt sind, desto besser und ganzheitlicher! Wenn ich's recht sehe, bin ich mir selbst ja immer schon vor-gegeben und kann mir nachsinnend Resonanz geben – und nicht nur mir, sondern allem, was ist. Da kommt etwas Meditatives und Kontemplatives ins Selbst- und Weltverhältnis. Die Dichter*innen sprechen davon (Walter von der Vogelweide „Ich saß auf einem Steine ...", Goethe: „Ich ging im Walde so für mich hin ..."). Die biblischen Psalmen laden ständig dazu ein, es ihren Verfassern gleich zu tun: Tag und Nacht denken und fühlen sie dem Geheimnis nach, das wir Gott nennen und das ihnen betend aufgeht. Nicht die Menge der Eindrücke macht's dabei, sondern das Nachkosten mit allen Sinnen, auch mit dem sechsten und siebten.

IL: Im langen Psalm 119, der dem hebräischen Alphabet entlang über die Tora und die göttlichen Weisungen und Wunder meditiert, kommt zwei Mal das Wort „nachsinnen" vor (Verse 27 und 48). Damit verbinde ich, dass es zum Nachsinnen so etwas wie Langeweile braucht. Auch sie kann in unserer so hektischen Welt eine Tugend sein. Tagträumen und Widerkäuen sind weitere Assoziationen, die ich habe. Wie Ignatius vom Verkosten spricht und damit eine alte Tradition aufnimmt, so tut es auch Luther mit „ruminatio", dem Wiederkäuen eines biblischen Wortes im Herzen. Dazu eignen sich Psalmverse, einzelne biblische Wörter oder andere kurze Sätze. Sie werden möglichst auswendig innerlich gesprochen oder auch halblaut gemurmelt, immer von neuem und mit Gefühlen, Bildern, Fantasien, Imaginationen angereichert. Eine spezielle Form der Verwertung und Verdauung, schmackhaft und nachhaltig.

Nahsinne
(beziehungsweise der sechste Sinn)

IL: Dieses Wort ist mir zum ersten Mal bei Peter Wild begegnet. Der Meditationslehrer schreibt in seinen „Schritte in die Stille": „Die Physiologie unterscheidet die Fernsinne und die Nahsinne. Zu den Fernsinnen – zu jenen Sinnen, die die Informationen von außen, aus der Umwelt, der ‚Ferne', aufnehmen und sie unserem Bewusstsein vermitteln – gehören: die Augen, die Ohren, die Nase, die Geschmacksnerven im Mund und der Tastsinn. Zu den Nahsinnen – zu jenen Sinnen, die die Informationen von innen, aus der ‚Nähe' des Körpers selbst an unser Bewusstsein weiterleiten – zählen: Sensoren in der Haut, in bestimmten Gewebeschichten und natürlich der Gleichgewichtssinn. [...] Die Nahsinne informieren uns über den Bezug der einzelnen Teile unseres Körpers zueinander, über Spannung und Entspannung in unserem Körper, über den Bezug unseres Körpers zu dem ihn umgebenden Raum, über unsere Befindlichkeit."[62] Es sind langsame und Geduld erfordernde Prozesse, die Aufmerksamkeit auf die Nahsinne zu richten und ihnen Raum zu geben. Das eigenleibliche Spüren ist einer der Grundschritte der Meditation. Dafür braucht es diese Nahsinne. Meditations- und Körperwahrnehmungsschulen wollen dabei unterstützen. Durch die Nahsinne können wir im eigenen Körper „ankommen", uns sammeln und so empfangsbereit und hörfähig werden.

GF: Ja, achtsam werden für das, was uns wortwörtlich nahe geht – oder gar unter die Haut, diesem wunderbaren Sinnesorgan, vom Umfang her das größte und doch so oft vernachlässigt. Mir fällt dazu das alte Wort von der „Innigkeit" ein: Ich lasse nicht nur andere und anderes mir nahekommen. Deren Nähe weitet zugleich mein Inneres und lockt mich auf die längste Reise – die nach innen –, wie Hammarskjöld einmal notierte. Da kann (und will) uns meditierend eine ganze Welt aufgehen und alles, was dann ist, gewinnt eine neue, unfassbare Tiefe. Diese „Transzendenz nach innen" meinte wohl auch Augustinus mit seinem berühmten Gebet: Gott, „du bist mir näher als mein Innerstes und höher als mein Höchstes". Von der lateinischen Urfassung (interior intimo meo et superior summo meo) klingen zwei Stichworte an, die es auch heute in sich haben: Intimität und Lebenssumme.[63]

Zur Wahrnehmung und Pflege dieser Antennen und Sensoren nach innen braucht es viel Diskretion und Ehrfurcht. Ich kenne von mir und anderen zum Beispiel auch die Angst vor (zu viel) Nähe; manchmal will ich gerade mir selbst nicht zu nahekommen. Da gilt es dann achtsam zu erspüren, warum das so ist. Andere können mir zu nahetreten, aber auch ich selbst kann mich unerträglich finden und will mich loswerden. Gerade meditierend können immer wieder Widerstände auftauchen, weil ich mir selbst unheimlich werde und eher weglaufen möchte. Und dann gibt es „Ausreden" genug ...

Die Sache mit den Nahsinnen ist gerade aus biblischer Perspektive so wichtig: Es geht da zentral doch um die Liebe zum Nächsten, denn: „Er ist wie du". Alles läuft darauf zu, für andere zum Nahen, ja zum Nächsten zu werden wie der berühmte Samariter. Der ließ sich innerlichst berühren von der Not desjenigen, der unter die Räuber gefallen war: Er kam ihm nicht nur nahe, sondern wurde ihm zum Nächsten (Lk 10,25–37). Die Redensart „Jeder ist sich selbst der Nächste" muss man eben nicht gleich egoistisch verstehen als Ausdruck größter Dickhäutigkeit, wo man sich den Anderen möglichst weit vom Leibe hält. Wer zum Beispiel meditiert und genau darauf achtet, was ihm – innerlich und von außen – nahegeht, kommt sich selbst auf die Schliche und nimmt sich ernst. Sich derart aus der Nähe zu betrachten, führt tief hinein in das Geheimnis, das ich bin und werde. Je sensibler und demütiger ich „in mich gehe", desto mehr kann ich mich auch in andere einfühlen. Wer in sich eintaucht, taucht beim Anderen auf –

und kann das Geheimnis der Schöpfung, Gott genannt, entdecken, das alles trägt und verbindet, uns allen näher als wir uns selbst. Deshalb liebe ich das von Origenes überlieferte apokryphe Jesuswort so: „Wer mir nahekommt, kommt dem Feuer nahe."[64]

IL: Zu deinen schönen Betrachtungen noch zwei kleine Ergänzungen. Zum einen: Offenbar auch eine Erfahrung mit den Nahsinnen ist im Koran notiert, in dem es heißt, Allah sei uns näher als unsere Halsschlagader (vgl. Sure 50,16). Die atemberaubende Lebendigkeit und Intimität Gottes wird so ins Bild gesetzt.

Zum anderen: Nahsinne werden auch Propriozeptoren genannt. Für manche gelten sie auch als so etwas wie der sechste Sinn. Andere meinen mit dem sechsten Sinn das, was wir unter dem Stichwort außersinnlich als siebten Sinn beschrieben haben. Die Redeweise ist hier nicht eindeutig. Inzwischen ist nur klar, dass es mehr als die klassischen fünf Sinne gibt. Mit diesen Rezeptoren jedenfalls in Muskeln, Bändern, Sehnen und Gelenken werden wir zum Beispiel über unsere Haltung und unsere Bewegungen informiert und nehmen Positionsveränderungen vor, wenn aufgrund der Sinneseindrücke das Gehirn entsprechende Befehle an die Muskeln sendet. Über die genannten hinaus gehören auch der Schmerz- oder der Temperatursinn zu den Nahsinnen. Eine Bewusstheit für diesen Sinnenreichtum erweitert die Wahrnehmung erheblich und trägt auch zur Erdung bei.

Ordnungssinn

GF: Sofort werden Über-Ich-Botschaften wach: „Räum endlich auf! Schaff Ordnung!" Ganz tief in meiner Geschichte ist „Ordnung" offensichtlich negativ besetzt. Schon das Wort „Ordnung" hat den Beigeschmack von Vorschrift, Einengung, ja auch von Zwang und Unterwerfung. Ordnungssinn wäre verbunden mit pedantischer Genauigkeit und Detailkontrolle, mit Korrektur und Gängelei. „Law and order", „Gesetz und Ordnung" wird dann zum Programmwort für Bevormundung und Unterdrückung. Dabei ist eigentlich Bewahrung und Wiederherstellung der Ordnung gemeint – ein immenser zivilisatorischer Fortschritt, besonders in der demokratischen Gewaltenteilung.

Ich bin fasziniert von der raffinierten Anordnung eines Kristalls oder einer Pflanze. Welche Schönheit in der Zuordnung der Farben und Motive in der Malerei oder in der musikalischen „Kunst der Fuge". Wenn ohne einen Bindestoff wie Mörtel Stein auf Stein passt, ohne dass noch ein Blatt Papier dazwischen geht, wie bei den Bauten der Inkas, fügt sich alles zum Besten. Ich kann die alten Griechen gut verstehen: Ihr Wort für Welt – „Kosmos" – meint zugleich „Ordnung" und „Schönheit". Letztlich stimmt da alles. Ordnungssinn ist dann das Sensorium für genau diesen inneren Zusammenhang, den auch die hebräische Bibel schon auf den ersten Seiten vorschlägt: alles „sehr gut und sehr schön", schon jetzt, im Kern und im Grunde jedenfalls. Dieser „Schönheit der Welt keine Aufmerksamkeit zu schenken, ist vielleicht ein so großes Verbrechen der Undankbarkeit, dass es die Strafe des Unglücks verdient."[65]

Aber jenseits von Eden ist alles auch höchst fragil. Ordnungssinn hat deshalb immer dieses Interesse an Normen und diesen Appellakzent: Alles *soll* in Ordnung sein und in Ordnung kommen. Was im Prinzip schon „in Ordnung" ist, soll doch „in Ordnung" kommen; was schon wieder durcheinander ist, soll endlich „ordentlich" werden. Deshalb ist die berühmte Kurzdefinition von Thomas von Aquin wie ein Navi im „Durcheinandertal" (Dürrenmatt) dieser Welt: „Weise sein heißt Ordnung schaffen" (sapientis est ordinare). Das gilt für die gesellschaftlichen Verhältnisse, für Staat und Kirche und natürlich für den Einzelnen. „Sein Leben in Ordnung bringen" ist zum Beispiel das ausdrückliche Motiv für die Exerzitien des Ignatius, eine geniale Didaktik gelingenden Lebens in christlicher Perspektive.

Aber Ordnung an sich ist eben nie Selbstzweck: Es kommt auf Motiv und Ziel an. Die Nazis waren (und sind) schrecklich auf Drill und Dogma aus, aber ihr Ordnungssinn zielt zerstörerisch auf nationalsozialistischen Egoismus und eigensüchtige Machtergreifung. Die Ordnung der Bergpredigt dagegen hat eine Welt der „größeren Gerechtigkeit" im Blick und lebt aus der Überzeugung, dass sogar Feindesliebe möglich und sinnvoll ist.

IL: Kaschnitz spricht im Gedicht „Auferstehung" von der himmlischen Erfahrung, in geheimnisvolle Ordnung geordnet zu sein (vgl. den Auszug am Ende des Stichworts „Leichtsinn"). Letztlich bin ich zurückhaltend, auch weil ich viel zu wenig von Physik verstehe. Doch mir scheint, die Theorie von der Feinabstimmung der Naturkonstanten passt mit Kaschnitz' Rede von der

„geheimnisvollen Ordnung" zusammen. Jedenfalls ist das doch eine Erfahrung, die sehr viele Menschen verbindet: Das Staunen über die Wunder der Natur, die Ordnung, die sich da zeigt, durch alles Chaos hindurch.

Ich gehöre zu den eher zwanghaften Menschen. Meine Herkunftsfamilie habe ich oft als laut und chaotisch erlebt. Insofern kann ich inzwischen wohlwollendes Verständnis für meine Ordnungsliebe aufbringen. Gleichzeitig weiß ich, wie sehr sie nerven kann und wie andere sich dadurch gegängelt fühlen können. Da gilt es immer neu ab- und zuzugeben. Einen Abstand oder eine innere Abwehr empfinde ich gegenüber den ignatianischen Exerzitien und gegenüber Formen des Zen-Buddhismus. Auch hier erlebe ich eine bisweilen zwanghafte Strenge, die eher einzuengen als zu befreien scheint. Spirituelle Wege zum Wesentlichen gibt es bekanntlich so viele, wie es Menschen gibt. Nicht alles passt für alle ...

Orientierungssinn

GF: „Ex oriente lux – vom Osten her geht das Licht auf." Wir können uns „orient-ieren", weil es den Sonnenaufgang gibt. Und der ist in der Menschheitsgeschichte die göttliche Epiphanie schlechthin: das Licht der Welt erblicken, damit fängt zeitlebens alles an. Durch den Horizont werden Licht und Dunkel unterscheidbar, es entsteht die vielfarbige Welt, das Pluriversum. Sich darin zu orientieren, braucht einen Navi der besonderen Art. Ist es letztlich der sechste Sinn? Jedenfalls braucht es, wie die Evolution zeigt, ein besonderes Gespür für das, was dran ist und zum Ziel führt. Was haben die Zugvögel zum Beispiel für ein Sensorium im Kopf, dass sie sich am Erdmagnetismus orientieren und genau wissen, wohin sie fliegen sollen? Oder die Schildkröten oder die Wale, die Zehntausende von Kilometern navigiert werden.

Aber inzwischen ist dieser angeborene Orientierungssinn durch uns Menschen dramatisch gestört, und Wale landen wortwörtlich irregeleitet. Wir Menschen können makabre Störenfriede der Natur sein. Manche profilieren sich gegenwärtig durch die Kunst der Desorientierung, durch gezielte Falschmeldungen und durch die Menge irreleitender fake news. Nichts ist dringlicher als Orientierungssinn zum Guten hin. Dazu braucht es einen genauen Kompass und die Unterscheidung der Geister.

IL: Im Buch Deuteronomium heißt es eindrücklich: „Ich habe euch Leben und Tod, Segen und Fluch vorgelegt, dass du das Leben erwählst und am Leben bleibst, du und deine Nachkommen" (30,19). Wir sind also vor eine Wahl gestellt, immer wieder. Was dient dem Leben? Das ist die Leitfrage, an der es sich zu orientieren gilt. Hilft das? Taugt das als Kompass? Bisweilen gibt es keine eindeutigen Antworten. Und doch scheint mir das Kriterium des Lebensdienlichen hilfreich. Dabei knüpfe ich nun zunächst an das vorausgegangene Stichwort an. Ordnung ist kein Selbstzweck. Und nicht immer dient sie dem Leben. Dieses Kriterium kann ich also anlegen, um dann zu entscheiden, ob ich mal fünfe gerade sein lasse oder eben für Ordnung sorge. Insbesondere im weiten ökonomisch-ökologischen Maßstab taugt das Kriterium, so scheint mir. „Wählt das Leben" – so ein Buchtitel von Dorothee Sölle in Anlehnung an das Zitat aus dem Buch Deuteronomium. Tausende im Mittelmeer ertrunkene Geflüchtete, unzählige Tote im Zuge der Baumaßnahmen in Katar wegen der Fußball-WM, grassierendes Artensterben in unserer Tier- und Pflanzenwelt – der kapitalistisch geprägte Lebensstil nimmt zu viele Tode in Kauf. Orientierung am Leben tut not.

Realitätssinn

GF: Spätestens, wenn ich mit dem Kopf gegen die Wand knalle, bekomme ich den Unterschied zu spüren zwischen meinen Vorstellungen und, sagen wir, der Wirklichkeit. Im Widerstand des Gegen-Über liegt ein wichtiges Kriterium für das, was real ist. Aber sind meine Gedanken, Intuitionen und Einbildungen nicht real? Müssen Ideale und Reale in Gegensatz geraten oder gehören sie zusammen? Wie wirklich ist die Wirklichkeit überhaupt? Ganze Bibliotheken sind darüber vollgeschrieben, seit wir Menschen anfingen, unseren Fragen nach-denkend auf die Spur zu kommen.

Bleiben wir beim Nächstliegenden: Als realistisch gilt mit Recht der Mensch, der sich und anderen nichts vormachen muss. Ganz handfest orientiert er sich an dem, was hier und jetzt der Fall ist. Nicht herumspekulieren und Idealen nachjagen, sondern hier und jetzt konkret Resonanz geben! Wer jetzt zum Beispiel angesichts der Klimakrise die Augen verschließt, kann keinen Realitätssinn beanspruchen. Sigmund Freud prägte deshalb den Begriff „Realitätsprinzip" – im Unterschied zum Lustprinzip mit all seinen Wunsch- und sogar Wahnvorstellungen, mit seiner Fantasie und Vorstellungskraft. Der Gegensatz zum Realitätssinn wäre dann die Illusion. In diesem Sinne sagte Helmut Schmidt einmal keck, wer Visionen habe, solle zum Arzt gehen. Freilich gibt es auch jene unheilbaren Realisten, die keinen Mut zum Träumen haben und das Hier und Jetzt alternativlos nennen. Wirkliche Realität ist vielleicht eher die Einheit von Wirklichkeit und Möglichkeit. So jedenfalls sprechen christliche Überlieferungen von Gott: Er beziehungsweise sie ist schöpferischer Grund in allem, treibende Kraft und höchste Realität. Ihr Gütezeichen aber ist, dass noch viel mehr, Anderes und Neues möglich ist und zur Vollendung führt. Keine Illusionen also, kein freischwebendes Herumgeistern ohne Prüfung und Beleg! Aber auch keine Anbetung des Status quo, als wäre das Bestehende schon der Maßstab für das Mögliche!

IL: „Eng ist die Welt, und das Gehirn ist weit. / Leicht beieinander wohnen die Gedanken, / doch hart im Raume stoßen sich die Sachen." Dieses Zitat aus Schillers Wallenstein passt zu deiner Einleitung in diesem Abschnitt. Die Sachen, die Realien: Der Realitätssinn bezieht sich darauf. Mir ist es wichtig, zwischen Realität und Wirklichkeit zu unterscheiden. Gern spreche ich von Gott als der Tiefe der Wirklichkeit. Da schwingt das Wirken mit, die Dynamik und Bewegung. Diese göttliche Wirklichkeit ist nicht „dingfest" zu machen. Sie wirkt hoffentlich auf die Realität ein, doch wie, das wissen wir letztlich nicht.

Am Symbol des Kreuzes lässt sich gut veranschaulichen, um welche Spannung es geht. Das Kreuz ist meines Erachtens Ausdruck eines höchst realistischen Zugangs zum Leben. Es gibt das Böse, es gibt Gewalt, es gibt das Leiden Unschuldiger. So ist es bis heute. Damit zu rechnen – das heißt für mich Realitätssinn.

Doch dieses Kreuz Jesu als Folter- und Mordinstrument hat nicht das letzte Wort. Es kann sich der christlichen Hoffnung zufolge zum Baum des Lebens wandeln. Vielleicht beschreibt das das, was du das Mögliche nennst und was ja auch schon unter dem Stichwort Möglichkeitssinn angeklungen ist.

In der Partei „Die Grünen" hat sich früh die Unterscheidung zwischen Realos und Fundis eingebürgert. Ein solches Entweder – Oder kann die Kommunikation erheblich erschweren oder gar verunmöglichen. Wir müssen von solchen Zuschreibungen wegkommen und mit Spannungen leben lernen, zwischen Realität und Wirklichkeit, Kreuz und Auferstehung, Widerstand und Ergebung. Dabei spielt der Realitätssinn eine wichtige Rolle, aber eben nicht die einzige und auch nicht die wichtigste, wenn wir davon ausgehen, dass es darüber hinaus auch einen Wirklichkeitssinn gibt.

Scharfsinn

GF: Das Wort spricht für sich. Denn ob Messer oder Schere scharf sind, weiß jede*r. Gemeint ist also eine Haltung, in der wir sozusagen messerscharf auf den Punkt bringen können, ob das Argument sticht und was genau das Problem ist. Da wird Ab-Schnitt für Ab-

Schnitt herausseziert, worum es geht – eine oft langfristige Prozedur, wie bei einer Mediation, oder eben ein treffsicheres Argument, wie beim Florett. Das, was man intellektuelle und spirituelle Redlichkeit nennt, braucht etwas von dieser unerbittlichen Genauigkeit. Kein wolkiges Herumreden, kein bloßes Metapherngestöber, nein, glasklares Behaupten und Beweisen.

So unterstreicht ein biblischer Autor zum Beispiel, Gottes Wort sei scharf wie ein Schwert und helfe, die Geister zu unter-scheiden (Hebr 4,12). Da werden Positionen nicht lauwarm serviert oder ins Beliebige verschwommen, nein: Da gilt nur Ja oder Nein. Und wie bei jeder gelingenden Operation braucht es den Mut zum klaren Schnitt. Derart scharfsinnig sein ist aber das Gegenteil von Scharfmacherei: Wer dem anderen die Maske herunterreißen will, ist stets in Gefahr, ihm auch das Gesicht zu zerstören und das Ansehen zu nehmen. Scharfsinnige Gerechtigkeit und liebevolle Empathie gehören jedenfalls biblisch untrennbar zusammen. Deshalb denke ich bei Scharfsinn immer auch an erotische Lust: Wenn zum Beispiel Mann und Frau aufeinander scharf sind und nur noch sich im Sinn haben, dann sind sie dem Geheimnis des Schöpfers und der Schöpfung besonders nahe. Denn sie leben gerade in der Beziehung von der Lust am Unterschied – und das möglichst scharfsinnig und schier unersättlich.

IL: Die Notwendigkeit von Schärfe illustriert sehr schön die Kurzgeschichte vom Holzfäller, der mit der Axt einen Baum zu fällen versucht und dabei nicht recht vorwärtskommt. Ein Spaziergänger weist ihn darauf hin, dass seine Axt stumpf ist. „Ich habe keine Zeit, ich habe so viel zu tun", antwortet der Holzfäller auf den Tipp des Spaziergängers hin, er solle doch seine Axt schärfen.

Kurzgeschichten stecken oft voller Scharfsinn. Und in dieser, deren Quelle ich nicht kenne, geht es zudem konkret um den Scharfsinn, den Sinn für eine scharfe Axt und dafür, dass es klug sein kann, eine Pause einzulegen und sich die Zeit zum Schärfen zu nehmen.

Jetzt hätte ich gute Lust, noch weitere scharfsinnige Kurzgeschichten zum Besten zu geben. Eine gestatte ich mir noch: „Ein Nachbar sah, wie Nasrudin auf allen vieren am Boden suchte. ‚Was suchst du, Mullah?‘ ‚Meinen Schlüssel.‘ Beide Männer suchten auf den Knien rutschend weiter. Nach einer Weile sagte der Nachbar: ‚Wo hast du ihn denn verloren?‘ ‚Zu Hause.‘ ‚Du liebe Zeit! Warum suchen wir dann hier?‘ ‚Weil es hier heller ist.‘"[66] Solche Geschichten haben Hintersinn und würden auch zum entsprechenden Abschnitt passen. Doch ich finde sie zudem scharfsinnig, weil sie in wunderbarer Kürze mit Würze und treffsicher „Menschliches, Allzumenschliches" auf den Punkt bringen. Und diese Form von Scharfsinn empfinde ich als konstruktiv. Im Gegensatz zu anderen Formen, bei denen es eher ums Rechthaben geht oder ums Korinthen-Kacken …

Schriftsinn

GF: Warum wurde und wird etwas verschriftlicht? Was wollen und sollen geschriebene Texte – auch in Zeiten der Digitalisierung und Virtualisierung? Um solche Fragen zu klären, braucht es zum Beispiel eine Unterscheidung von Sinn und Bedeutung einer Mitteilung und vor allem eines Textes. Die Absicht des Verfassers beziehungsweise Senders ist das eine und zweifellos wichtig für den Inhalt und die Botschaft desselben. Aber die Bedeutung eines Textes geht weit über die Aussageabsicht des Autors hinaus. Das zeigt sich am schnellsten daran, dass es die einzig gültige Interpretation nicht gibt: Texte haben (wie die Sprache an sich) eine förmlich strukturelle Sinnoffenheit, sie wollen und müssen gelesen und verstanden, das heißt ausgelegt werden. Nicht nur der Sender ist produktiv beteiligt bei der Arbeit am Schriftsinn, sondern auch die Empfänger der Sendung. Die Tragweite unterscheidet sich je nach Textsorte: Ein poetischer Text will anders verstanden und interpretiert werden als ein Tatsachenbericht oder ein Gesetzestext.

Solche Grundsätze der allgemeinen Hermeneutik gelten selbstverständlich auch für alle Schriften, die Menschen als heilig betrachten. Die Suche nach dem treffenden Schriftsinn ist deshalb – im jüdisch-christlichen Kontext – so alt wie die Bibel selbst. Gewiss kann diese auch als normales Kulturdokument oder als großartige Weltliteratur gelesen werden. Aber der spirituell interessierte Leser wird sie zumindest als „Hausapotheke" (Heinrich Heine) verstehen. Und für Glaubende ist sie „Heilige Schrift". Bewegend zeigen zum Beispiel die Bilder Chagalls, dass der fromme Rabbi die Thora wie eine Geliebte in den Arm nimmt, so einmalig kostbar ist sie ihm als Gottes Weisung „gemäß den Schriften". Und Christenmenschen bekennen, alles in der Bibel sei geschrieben „für uns und um unseres Heiles willen": Gottes Wort im Menschen Wort. Der Sinn dieser Heiligen Schriften ist also nicht distanzierte Informationsüberlieferung über Tatbestände. Es geht vielmehr um das schriftliche Zeugnis zentraler Erfahrungen mit Gott, mit der Welt und sich selbst, die Menschen gemacht haben – in der Geschichte Israels, im Werden der christlichen Glaubensgemeinschaft und in der Verantwortung des Erbes Jesu heute. Juden wie Christen sind überzeugt, dass in dieser Ur-Kunde ihres Glaubens Gott selbst sich meldet und mitteilt: Gott geht mit seinem Volk und allen Völkern, ja mit der Welt im Ganzen einen Bund ein, und die Bibel ist das Basisdokument dieses Austauschs, sein Grundgesetz. Die einzelnen Texte sind natürlich von Menschen geschrieben, aber der Autor ist Gottes Heiliger Geist. Verfasser und Leser*innen werden als „inspiriert" verstanden. „Die Heiligen Schriften sollen in demselben Geist gelesen werden, in dem sie geschrieben sind", lautet deshalb ein alter Grundsatz. Und ein zweiter: „Die Heilige Schrift wächst irgendwie mit den Lesern." (Gregor d. Große).

Zugespitzt könnte man sagen: Christlicher Glaube ist nichts als die Suche nach dem hilfreichen, dem heil machenden Schriftsinn.

IL: Am Anfang sei ein kritischer Zwischenruf gestattet: Diese alten Schriften scheinen mir heillos patriarchal. Schon deshalb kann ich meinen Glauben nicht allein auf der Schrift gründen. Trotz aller Faszination, die ich natürlich kenne, für wunderbare Texte und auch im Blick auf viele atemberaubende Auslegungen, die es gibt und die den eigenen Horizont erweitern. Zustimmen könnte ich allenfalls, wenn Schrift so weit gefasst wird, dass die lebendige Christuswirklichkeit hier und heute, also die Inkarnation des Wortes und die Impulse, die von ihr ausgehen, mit enthalten sind.

Biblische Texte sind alles andere als eindeutig. Psalm 62, Vers 12 bringt es auf den Punkt: „Eines hat Gott geredet, ein Zweifaches habe ich gehört." Das ist eine in meinen Augen notwendige Unterscheidung. Auch die lapidare paulinische Feststellung scheint mir wichtig: „Der Buchstabe tötet, aber der Geist macht lebendig" (2 Kor 3,6). Die Bibel in gerechter Sprache übertragt es so, dass deutlich wird, dass das Geschriebene tödlich wirken kann, wenn die Geistkraft nicht mit am Werk ist.

Deshalb hat sich in der jüdisch-christlichen Tradition die Notwendigkeit der Exegese ergeben.

Zunächst wurde grundlegend ein zweifacher Schriftsinn unterschieden: ein Wortsinn, „der offen zu Tage liegt", und ein verborgener Sinn, den schon Origenes „geistlich" nennt (spiritualis sensus). Und beide Sinne sind ganz wichtig. Diesen spirituellen Tiefensinn hat man weiter entfaltet. Im Mittelalter hatte sich die Lehre vom vierfachen Schriftsinn herausgebildet. Heute gibt es, so scheint es mir, noch viel mehr als nur vier Schriftsinne. Welche Brille habe ich auf? Eine sozialgeschichtliche, religionswissenschaftliche, geistliche, befreiungstheologische, tiefenpsychologische, feministische, um nur ein paar Möglichkeiten zu nennen? Je nachdem entlocke ich den Schriften einen anderen Sinn. Dabei geht es um das Wechselspiel von Ex- und Eisegese, das heißt wir deuten aus den Schriften heraus und in die Schriften hinein.

Martin Luther hat zu seiner Zeit den vierfachen Schriftsinn kritisiert und suchte nach einem klaren Kriterium für die Bibelauslegung. Er wollte nur gelten lassen, „was Christum treibet". Die damit verbundene christliche Vereinnahmung von Texten des Ersten Testaments ist heute obsolet geworden. Und die ohnehin in der christlichen Theologie verbreitete Suche nach Eindeutigkeit ist heute zumindest bei manchen Exeget*innen und Theolog*innen der Einsicht gewichen: „Schrift kann Existenz erhellen, sie kann gleichfalls Existenz verdunkeln, in den allermeisten Fällen bewirkt sie gar nichts, weil sie nicht verstanden wird."[67]

Aus diesem Grund finde ich es so befremdlich, wenn bestimmte Missionsbewegungen einfach Bibeln verteilen – auf der Straße, in Hotels oder wo auch immer. Das scheint mir kein geeigneter Weg, um für das Frohmachende des christlichen Glaubens zu werben. Vermutlich bin ich zudem auch deshalb so kritisch gegenüber Vereindeutigungstendenzen, weil gerade in den evangelischen (Frei)Kirchen biblizistische und fundamentalistische Strömungen immer stärker zu werden scheinen. Sich ihnen anzuschließen, heißt in meinen Augen, den Verstand an der Garderobe abzugeben. Ein Zitat bringt es auf den Punkt: „Man kann die Bibel wörtlich nehmen oder ernst."

GF: Ja, das kann ich nur unterstreichen. Du markierst damit den einen Straßengraben, in den man beim Hören und Lesen der biblischen Schriften geraten kann. Da wird die Bibel förmlich magisch aufgefasst und wie ein Fetisch tabuisiert. Aber das andere Extrem ist auch nicht zu unterschätzen: Da kann man alles mit der Bibel begründen und benutzt die heiligen Schriften als Kleiderständer für seine persönlichen Vorlieben. Natürlich stammt auch die Bibel, wie alle großen Weltreligionen, aus patriarchalen Zeiten und keinesfalls kann es darum gehen, biblische Texte nachzubeten. Aber alle christlichen Kirchen haben sich darauf verständigt, die Bibel als verbindliches Grundgesetz ihres Glaubens zu betrachten. Sie wissen sich dadurch von Gott selbst angesprochen und geführt. Eigentlich bräuchten wir die Bibel zwar nicht, wissen wir doch aufgrund von Gewissen und Vernunft, was gut ist, also gottgemäß und heilsam. Aber de facto sind wir so egoistisch verkorkst, dass wir Weisungen brauchen, die uns sagen, wo es lang geht. „Gottes Gebote haben die Gestalt von Bitten", formulierte treffend Simone Weil.[68] Alle Bibeltexte wollen also als Gottes herausfordernde Einladung verstanden werden, auf ihn zu hören und ihm zu folgen.

Mit Augustinus formulierte zum Beispiel Blaise Pascal am Beginn der Neuzeit: „Alles, was nicht von der Liebe zu Gott handelt, ist Sinnbild (figure). Der einzige Gegenstand der Schrift ist die Liebe zu Gott (charité)."[69] Vielstimmigkeiten und sogar Ambivalenzen der Schriftauslegung hin oder her: Der Ton macht die Musik, und der ist klar und eindeutig. Deshalb wird heutzutage gern die sogenannte kanonische beziehungsweise intertextuelle Bibelauslegung bevorzugt: Man schaut nicht nur auf Sinn und Bedeutung einzelner Texte, sondern auf den Gesamtzusammenhang.

Nochmals anders akzentuiert: Wir hätten die Bibel nicht ohne die Kirche, die eine Kirche in den vielen Kirchen. Das gilt von ihrer Entstehung und ihrem Inhalt. Klar werden die biblischen Texte in dem Geist, in dem sie geschrieben sind – im gemeinsamen Hören und Realisieren. Nicht primär Theolog*innen und Prediger*innen legen die Bibeltexte eindeutig aus, sondern jene, die sie leben und in die Praxis umsetzen. Biblischer Schriftsinn und christliche Praxis erschließen sich gegenseitig. Den Raum, in dem das geschieht, nennt man Kirche.

Für das praktische Leben heißt das: Biblische Worte sollen inspirieren und guttun, deshalb ist die Dosierung wichtig. Sich darauf intensiver einzulassen, braucht auch Geduld. Es ist wie bei Schwarzbrot, gut kauen und einspeicheln ist wichtig. Das nennt man traditionell „geistliche Lesung", auch Betrachtung und Meditation. Plastisch hat das einmal der Bibeltheologe Ernst Fuchs verglichen: Man solle in biblische Texte einsteigen wie in die Badewanne. Wie da der Wasserpegel um den Körperumfang steigt, so der Textpegel um das investierte Interesse beziehungsweise den spirituellen Hunger. Im Übrigen gibt es hervorragende knappe Kommentare des biblischen Fließtextes: Evangelischerseits empfehle ich die Web-Seite der Deutschen Bibelgesellschaft, auf der sich viele Tipps zur Bibellese sowie Hintergrundinformationen finden lassen, katholischerseits die Stuttgarter Bibel. Und nicht zu vergessen: Der nächstliegende Ort, um Bibel kennenzulernen, ist immer noch der Gottesdienst.

Schwachsinn

GF: Schnell kann einem das im Wortgefecht herausrutschen oder in der Beurteilung von Ereignissen und Äußerungen. Dann ist Schwachsinn gleichbedeutend mit mangelndem Nachdenken und fehlender Urteilskraft: „Red' keinen Unsinn." Aber selbst dann ist damit eine gefährliche Abwertung verbunden. Denn lange Zeit war Schwachsinn mit Formen geistiger Behinderung und Einschränkung gleichgesetzt. Und fast selbstverständlich neigen die „unheilbar Gesunden", wie Adorno sie nannte, dazu, Debilität als menschlich minderwertig zu betrachten und am liebsten auszugrenzen, im schlimmsten Fall zu vernichten.

Schwachsinn lässt sich aber anders verstehen, ganz auf der Linie humanistischen Denkens und christlichen Glaubens – als Sinn für die Schwachen und unsere Schwäche als Einfühlungskraft und Mitleidensfähigkeit. Gott habe ja gerade das Schwache erwählt, um die (vermeintlich nur) Starken und Kraftmeier zu beschämen – so fasst der Apostel Paulus die Musik biblischen Glaubens zusammen, nicht ohne Gespür für die eigene Krankheit und Schwäche (vgl. 1 Kor 1,26ff; 2 Kor 4,7ff). Hintersinnig ist auch die Umgangssprache: Wenn ich für jemanden eine Schwäche habe, dann ist meistens schon wirkliche Liebe im Spiel.

IL: Da kann ich gut anknüpfen. Erst neulich bin ich zusammengezuckt, als ein Politiker auf den Vorschlag einer anderen Partei mit den Worten reagiert hat: „So ein Schwachsinn". Ein solch roher, verletzender und diskriminierender Umgang miteinander scheint immer „normaler" zu werden. Gleichzeitig will ich kein reines Lob auf die Schwachheit singen. Denn das könnte schnell auch ins Wehleidige und Larmoyante abdriften. Die paulinische Dialektik spricht mich an. „Darum bin ich guten Mutes in Schwachheit, in Misshandlungen, in Nöten, in Verfolgungen und Ängsten um Christi willen; denn wenn ich schwach bin, so bin ich stark" (2 Kor 12,10). Es geht also um die paradoxe Stärke der Schwachheit. Wie du es sagst: Humanität kann es nicht ohne die Einsicht in menschliche Schwachheit geben, in menschlichen Schwachsinn, in menschliche Schwäche. Die kennen wir alle. Einen freundlich wohlwollenden Umgang braucht's damit.

Erwähnen möchte ich in diesem Kontext auch Stichworte wie die „Schwache Theologie" (zum Beispiel von John D. Caputo) oder die „GlaubensSchwachheit" (Michel de Certeau). Dieser Sinn für das Schwache stellt ein Korrektiv zur vollmundigen oder unbedachten Rede von einem allmächtigen, allherrschenden Gott dar. Neu wahrgenommen wird die Ohnmacht Gottes, zumal nach Auschwitz. Bewegend ist auf dieser Linie das folgende Gebet aus dem Tagebuch von Etty Hillesum: „Eines wird mir immer klarer: dass du uns nicht helfen kannst, sondern dass wir dir helfen müssen, und dadurch helfen wir uns selbst. Und das ist das Einzige, was wir in dieser Zeit bewahren können, und auch das Einzige, auf das es ankommt: ein kleines Stück von dir in uns selbst, Gott. Und vielleicht können wir auch mithelfen, dich in den geplagten Herzen anderer zutage zu fördern."[70]

Sehsinn (Gesichtssinn)

GF: „Zum Sehen geboren, zum Schauen bestellt." Nicht jeder ist ein so visueller Typ wie Goethe es war. Und Kunst zur Zusammenschau will „syneidetisch" gelernt sein. Aber ohne Licht kein Leben, und das heißt sehr präzise: das Licht der Welt erblicken. Nicht auszudenken, wenn man beziehungsweise frau da eingeschränkt wäre. Ich habe aus der Nähe erlebt, wie ein lieber Mensch Makula-krank wurde und wie die Angst um den

Verlust der Sehschärfe begründet zunahm und fort-
schreitend dann die Angst vor dem völligen Nebelgrau,
dem Dunkel, dem Erblinden. Wie so oft, wird einem
erst im drohenden Verlust deutlich, wie unglaublich das
ist, was wir sind. Man könnte eine ganze Kulturgeschichte der Menschheit und Menschwerdung am Leitfaden
visueller und optischer Metaphorik schreiben. „Nichts
Schöneres unter der Sonne als unter der Sonne zu sein",
jubelt mit Recht Ingeborg Bachmann. Die Sonne ist der
erste Gott, die erste Göttin im Leben der Menschheit
und damit das Licht und natürlich das Feuer und seine
Erfindung. Nochmal mit Goethe, dem Leser Plotins und
der Philosophie: „Wär nicht das Auge sonnenhaft, / Die
Sonne könnt es nicht erblicken; / Läg nicht in uns des
Gottes eigne Kraft, / Wie könnt uns Göttliches ent-
zücken?"[71] Dabei geht es nicht nur um das Sehen und
Schauen dessen, was uns gegen-über ist und was wir allzu leicht zum bloßen Ob-Jekt degradieren. Nein, zum
Sehsinn/Gesichtssinn gehört immer der Blick ins Innere
und in die Tiefe. Schon vor 2500 Jahren sprach Platon
von „Augen des Herzens". Und natürlich ist auch die
Bibel voll von diesem Wissen um die Tiefenschau, die
Herzenserkenntnis. Licht und Dunkel unterscheiden zu
können, ist der schöpferische Akt schlechthin – im Blick
nach draußen wie nach drinnen. Immer gilt der Satz von
Exupérys Kleinem Prinz: „Man sieht nur mit dem Herzen gut". Und nichts geht über das Versprechen der
Bergpredigt: „Glücklich zu schätzen, die reinen Herzens
sind: sie werden Gott schauen" (Mt 5,8) – verheißungs-
voller Leitsatz aller christlichen Kontemplation und
Mystik. Umso schmerzlicher dann, was und wen wir alles übersehen und nicht im Auge haben. Wie bei allen

Sinnen gibt es die ganze Amplitude von Zuviel und Zuwenig, vom Anstarren und Fixieren bis zum Wegschauen und Vernichten! Wie ein Gegensatz dazu erscheint der Grundsatz im kürzesten und schönsten Gedicht der Weltliteratur mit dem Titel „Mattina": „M'illumino / d'immenso" (Giuseppe Ungaretti) – im Vokalklang seiner italienischen Muttersprache schier unübersetzbar: „Ich werde erleuchtet / durch Unermessliches".

IL: „Du bist ein Gott, der mich sieht" – in den evangelischen Kirchen ist das die Jahreslosung 2023. Dieses Glaubensbekenntnis spricht Hagar, wörtlich „die Fremde", die Magd von Abraham und Sara (vgl. Gen 16,13). In einer extremen Stresssituation und am Boden zerstört darf sie die Erfahrung machen, gesehen zu werden. „Sehen und gesehen werden", das wollen nicht nur die Promis. Alle sind von klein auf darauf angewiesen. Die abgründige Seite des Sehens und Gesehen-Werdens kommt in Orwells „Big brother is watching you" genauso zum Ausdruck wie in dem Spruch, mit dem nicht wenigen der älteren Generation religiöse Angst eingejagt wurde: „Ein Auge ist, das alles sieht. Auch, was in finstrer Nacht geschieht." Und neben Kontrolle und Aufsicht gibt es den Abgrund des Voyeurismus, des Gaffens, der Sensationslust.

Wie anders klingt da doch Meister Eckhart: „Soll mein Auge die Farbe sehen, so muss es ledig sein aller Farbe. [...] Das Auge, in dem ich Gott sehe, das ist dasselbe Auge, darin mich Gott sieht; mein Auge und Gottes Auge, das ist *ein* Auge und *ein* Sehen und *ein* Erkennen und *ein* Lieben."[72] Gesehen werden und sehen, wahrlich auf Augenhöhe, nicht taxierend, nicht kontrollierend, nicht supervidierend, vielmehr in Liebe. Und Sich-Sehen-Lassen – offen und mutig und voller Vertrauen, denn weil wir angesehen sind, können wir uns sehen lassen!

Sinneswandel

GF: Sich und seine Meinung ändern zu können, gehört zum Größten, wozu wir Menschen fähig sind. Ob es das schöpferische Fantasieren und Planen voran ist, ob die schmerzliche Reue und Trauerarbeit im Umgang mit Vergangenem zurück – nichts auf dieser Welt ist alternativlos. Wir können mit dem Guten rechnen und leider auch mit dem Schlechten, mit Gelingen und Scheitern; aber es gibt ein inneres Spüren und Wissen von dem, was gut ist und guttut. Im Wort Wandel und Wandlung steckt immer auch die Wand, der Widerstand, die Lustangst vor dem unbekannten Anderen und Neuen. Deshalb kommt es dann leider doch nicht zum Sinneswandel oder gar zur Verhaltensänderung: „Eigentlich möchte, müsste ich schon, aber …" Je größer Sehnsucht und Hoffnung, je faszinierender Wunsch und Vision, desto mehr können wir Bisheriges auch zurücklassen und uns wandeln. „Als ich ein Kind war dachte ich wie ein Kind …" (1 Kor 13,11). Solch ein Sinneswandel kann zu einer richtigen Lebenswende werden, zu einer Reform und Konversion der Denkungsart, ja zur Revolution.

In diesem Sinn kommt aus der französischen Religionssoziologie der Grundsatz, der religiös entschiedene Mensch werde „ein Konvertit und Pilger" sein.[73]

Diese Perspektive kann unmittelbar an die Jesus-Revolution anknüpfen: „Die Zeit ist reif, Gottes Weltherrschaft ist nahe, denkt um" – so schreibt der Evangelist Markus, der erste Biograf Jesu, als Notenschlüssel über Weg und Werk Jesu (vgl. Mk 1,14). Aus dem Aramäischen wäre „Umdrehen/Umwenden" zu übersetzen, aus dem Griechischen ein Neu- und Nachdenken und dann auch Nachfolgen. In der Jesus-Geschichte wird ein einschneidender Sinneswandel empfohlen, zum Glück und Segen für alle. „Lasst euch verwandeln durch die Erneuerung des Sinnes, damit ihr prüfen und erkennen könnt, was der Wille Gottes ist: das Gute, Wohlgefällige und Vollkommene" (Röm 12,2). Wer gemäß den Vaterunser-Bitten Gott und sein Wohl-Wollen im Sinne hat, kann sich mit dem Ist-Zustand der Welt und des Lebens schwerlich schon abfinden: „In allem ist etwas zu wenig" und versprochen ist mehr als alles. Daraus ergibt sich dieser ständige Sinnes- und Lebenswandel, den man früher mit dem völlig missverständlichen Wort Buße meinte. Gemeint ist aber: „Höre nie auf anzufangen, fange nie an aufzuhören" – denn das Größere ist im Kommen, definitiv schon, aber wo?

IL: Martin Luthers erste der 95 Thesen lautet anknüpfend an Matthäus 4,17, „dass das ganze Leben der Gläubigen Buße sein soll." Dieses Wort Buße ist tatsächlich missverständlich. Bußzeiten, Bußübungen, Bußgelder – diese Wörter atmen weder Weite noch Freiheit. Aber anders als Wandel impliziert Buße, in welche Richtung es gehen soll, nämlich hin zum Besseren. Das steckt etymologisch in „Buße" drin. Klar ist das Bessere oft der Feind des Guten. Und doch wünschen wir den

Kranken manchmal „gute Besserung". Und diese Besserung braucht's auch im politischen Leben, im Blick auf die Klimakatastrophe – von einem Klimawandel zu sprechen ist purer Euphemismus –, im Blick auf die weltweit vorherrschende kapitalistische Wirtschaftsweise, im Blick auf Diskriminierungen aufgrund von Ethnie, sexueller Orientierung oder sozialer Herkunft. Insofern möchte ich hier eine Lanze für das Wort Buße brechen und wünschte, dass jeder Tag zu einem Buß- und Bettag würde.

Allerdings geht es hierbei mehr um die Inhalte. Denn das Wort Buße ist vermutlich zu oft missbraucht worden und hat Menschen zu sehr eingeengt, klein gemacht und im Sinne einer Leistungsfrömmigkeit unter Druck gesetzt, als dass es ohne viele Erklärungen benutzt werden könnte. Sinneswandel klingt schöner und hilft bei der Konkretisierung. Wie bin ich ausgerichtet, was habe ich im Sinn, wie gehe ich mit meinen Sinnen um – solche Fragen können der ganzheitlichen Erforschung des eigenen Lebenswandels dienen und notwendige Transformationsprozesse anstoßen.

Sinnlichkeit

GF: Dieses Stichwort wirbelt sofort widersprüchliche Gefühle auf, und alle haben mit Verbot und Warnung zu tun, aber was reizt mehr. Bürgerlich-katholisch erzogen und von traditioneller Theologie geprägt, gehört(e) Sinnlichkeit fast automatisch in den Gefahrenbereich der Sünde, und die hatte fast immer mit Sexualität zu tun. Nun, die berüchtigten 68er waren auch für mich eine entscheidende Wende, und das gelebte Leben ist ohnehin der beste Guru. In „Triebstruktur und Gesellschaft" forderte damals zum Beispiel Herbert Marcuse „die Wiedereinsetzung der Sinnlichkeit in ihre ursprünglichen Rechte."[74] Damit ist natürlich die leib-seelische Verfassung des Menschen gemeint, das kommunikative Vermögen in Lust und Unlust. Fehlten uns Menschen die Sinne, es fehlte uns die Menschlichkeit, und die Gesellschaft wäre arm dran, rigide und frigide. Engel zum Beispiel können nicht küssen. Sinnlichkeit steht für die Vielfalt der Sinne und damit der Wahrnehmungsfähigkeiten, sie gehört eng mit dem Leiblichen zusammen (so sehr man metaphorisch auch von den inneren beziehungsweise den geistlichen Sinnen spricht).

Seit Kant das abstrakte Wort in der Philosophie hoffähig gemacht hat, begleitet es meist alle Diskurse über Geist und Vernunft wie ein Schatten. Die Sinne gehören demnach primär in die Ästhetik, das „eigentliche" Leben aber findet doch in der Welt der Ideen und des reinen Geistes statt. Dieses letztlich dualistische Denken kommt von weit her: Die an sich großartige Unterscheidung Platons zwischen der reinen Welt der Ideen, auch des Denkens, und der Welt der Wahrnehmungen und eben des Sinnhaften führte de facto doch zu einer tendenziellen Spaltung; die Theorie galt weit mehr als die Praxis. Auch das Christentum hat zur Höherschätzung des „Ideellen" beigetragen, zum Beispiel mit seinem biblischen Grundsatz: „Gott ist Geist" (Joh 4,24; 2 Kor 3,17). Besonders seit Augustinus kamen prägende Tendenzen hinzu, das Irdische, das Materielle und eben Sinnliche spirituell abzuwerten oder gar als schlecht zu betrachten. Auch die theologische Unterscheidung von Natur und Übernatur trug dazu bei, das vermeintlich „nur" Natürliche, Sinnliche und Leibliche eher als bloßen Durchlauferhitzer zum Wahren und Göttlichen zu verstehen. Und das gegen den Richtungssinn des eigenen Schöpfungs- und Christusglaubens, denn gerade vom Biblischen und Christlichen aus ergeht dieses entschiedene Gottes-Ja zum Irdischen und damit auch zum Sinnlichen. Wo sonst wurde das Thema Leiden und Gewalt so sinnlich durchgearbeitet wie in den Geschichten von Jesu Passion? Besonders Nietzsche hatte ein philosophisches und religiöses Denken scharf kritisiert, das voller Ressentiment aufs Irdische schaut: „Das Christentum hat dem Eros Gift gegeben", schreibt er zum Beispiel. Nicht um Abspaltung gehe es, sondern um „die Vergeistigung der Sinnlichkeit".[75] Und zuvor hatte Marx angemahnt, dass „dieses fortwährende sinnliche Arbeiten und Schaffen, diese Produktion" zur „Grundlage der ganzen sinnlichen Welt, wie sie jetzt existiert", gehört.[76]

Gewiss: Sinnlichkeit ist wie alles in der Welt missbrauchbar. Wer wüsste nicht, wie zart und fragil das Liebesleben ist! Wie schnell kann die Grenze zu Missbrauch und Ausbeutung erreicht oder böse überschritten sein. Und leicht kann unsereiner in Genuss und Narzissmus hängen bleiben und damit andere zum Teufel schicken. Umso mehr aber gilt es, die sinnliche und leibhafte Existenz des Menschen und der Welt als Gottesgeschenk zu würdigen und zu gestalten. Der wirklich spirituelle Mensch ist, jedenfalls biblisch, nie von Sinnen. Denn immer geht es um die Einheit von Gottes- und Nächstenliebe (vgl. Mk 12,28–34).

IL: „Sense and Sensibility" – der Titel von Jane Austens Roman wird im Deutschen mit „Verstand/Vernunft und Gefühl", aber auch, wie der auf dem Roman basierende Kinofilm von 1995, mit „Sinn und Sinnlichkeit" wiedergegeben. Zwei gegensätzliche Schwestern stehen im Mittelpunkt. Die eine vernunftbetont, die andere romantisch veranlagt. Wunderbar, wie sie es schaffen, den Standesdünkel des 19. Jahrhunderts hinter sich zu lassen und durch mancherlei Irrungen und Wirrungen hindurch sich am Ende mit den Männern zu vermählen, die sie lieben.

Eine feministische Perspektive einzunehmen ist mir bei diesem Stichwort besonders wichtig. Denn allzu häufig geht es in einer patriarchal geprägten Kulturgeschichte bei Sinnlichkeit um den männlichen Blick auf Frauen, die zu Objekten von mancherlei Projektionen herabgewürdigt werden. Sinnliche, sexuell aktive Frauen werden dämonisiert. Sie gelten als attraktiv und zugleich verführerisch sowie zerstörerisch, flößen Angst ein und werden zu unterwerfen gesucht. Die „Femme fatale" ist in erster Linie ein männlicher Mythos. Das Thema ist hochaktuell. Haarsträubend, welche Frauen-, Männer- und Menschenbilder vor allem in den visuellen Medien transportiert werden und wie viele Menschen sich dadurch manipulieren lassen. Da gibt es auf der einen Seite den riesigen Markt für Diät bis Schönheitschirurgie und auf der anderen Seite ein nahezu fehlendes Gespür für oder eine bewusste Missachtung jeglicher Ästhetik.

Sinnlichkeit ist etwas Wunderschönes. Mode, Schmuck, Schminke, aber auch Körperarbeit können ihre Entfaltung fördern. Doch sie hat auch viel mit

Natürlichkeit zu tun. Und mit Innerlichkeit. Ich empfinde es als große Herausforderung, im Dschungel der vielen Zuschreibungen und der idealisierten (Körper-) Bilder im Kopf eine akzeptierende und zufriedenstellende Haltung zur eigenen Sinnlichkeit zu finden.

Oft braucht es dafür therapeutische Unterstützung. Der Soziologe und Gestalttherapeut Hans Peter Dreitzel hat in drei Bänden durchbuchstabiert, was emotionales und körperliches Gewahrsein bedeutet, wie dadurch ungute Prägungen und Erstarrungen verflüssigt werden können und so menschliche Entwicklung und Reifung möglich werden. Für diese drei Bände hat er als Obertitel „Reflexive Sinnlichkeit" gewählt: „Bei diesem Begriff geht es mir um die Überwindung des überholten Gegensatzes von Fühlen und Denken, dem wir auch die Ausgrenzung des Irrationalen aus der zur bloßen Rationalität geschrumpften Vernunft zu verdanken haben."[77]

Spürsinn

IL: Schmetterlinge im Bauch oder ein erhöhter Puls – mit Spürsinnen nehmen wir zum Beispiel Verliebtsein wahr. Etwas spüren, eventuell erahnen, ohne es genau zu wissen oder auf den Begriff bringen zu können – die Dominanz (vermeintlich) exakter Wissenschaften diskreditiert solche Wahrnehmungsweisen. Im Grunde geht es beim Spürsinn um so etwas wie Intuition. Als „Descartes' Irrtum" hat der amerikanische Neurologe Antonio R. Damasio die Vorstellung entlarvt, das Denken allein mache den kultivierten Menschen aus. Damasio konnte nachweisen, „dass Denken, Fühlen und Empfinden im menschlichen Gehirn nicht getrennt lokalisiert sind, sondern stets gemeinsam auf Reize jedweder Art reagieren"[78]. Das geläufige Wort vom „Gespür" bringt diese ganzheitliche Wahrnehmungsweise gut auf den Punkt. Wir könnten auch von Intuition sprechen.

GF: Nicht zufällig gehören „spüren" und „spuren" zur selben Wortfamilie. Der Philosoph Levinas hat dieses Motiv ins Zentrum gerückt, um menschliche Begegnung zu beschreiben (und wir haben es für unseren Titel gewählt). „Das Jenseits, von dem das Antlitz kommt, bedeutet als Spur."[79] Immer ist der oder die andere mir gegen-über und kommt von ganz woanders-her auf mich zu, letztlich unbegreiflich in seinem Anderssein und zu erfassen nur in dieser Anerkennung des Andersseins. „Die Spur ist die Gegenwart dessen, was streng genommen niemals da war, dessen, was immer vergangen ist."[80] Jede wirkliche Begegnung also hat ihr Geheimnis, sie hinterlässt und legt Spuren. Nirgends wird dieses Geschehen für ihn deutlicher und bedeutender als im Antlitz des Menschen – und des Geheimnisses, das wir Gott nennen. Vermutlich könnte man das ganze Leben als ein ständiges Spuren-Lesen beschreiben und wie lebenswichtig sind die Spuren-Elemente des Wahren, Guten und Schönen.

In jeder wirklichen Begegnung geht es um Spurensicherung. Da geschieht das, was die biblischen Überlieferungen „Vorübergang Gottes" nennen: Der Unbegreifliche will sich begreiflich machen und zeigen. Das ist aber nur möglich im Entzug, denn gerade als der Nächste bleibt er der unfassbar Andere (wunderbar beschrieben in Ex 33,19ff). Seiner Spur nachzugehen und nachzudenken, heißt glauben – eine besondere Art des Spuren-Lesens. „Sie sollten Gott suchen, ob sie ihn ertasten und finden könnten; denn keinem von uns ist er fern" (Apg 17,27). Ein sensibles Gedicht unserer Gegenwart sagt es so: „Es gibt nicht ,Gott', es spricht ein unentwegtes Geben, / in dem ER selber wird, im Dasein und Entschweben."[81]

Man kann Jesus von Nazaret als solch einen begnadeten Erspürer verstehen, der zum Beispiel in seinen Gleichnissen das Gespür für das Wunder des Daseins und Gottes Spuren darin weckt. Zum Christwerden gehört diese Kunst des Spuren-Lesens im Lichte Jesu und in seiner Spur. Diese selbst wird man dann als Gottes sichtbarste Spur in der Welt begreifen können. „Wir haben Gottes Spuren festgestellt"[82] und gehen „mit ihm und durch ihn und in ihm" dem nach, was wirklich geschieht und im Gange ist.

Starrsinn

GF: Sprichwörtlich reden wir davon, dass jemand halsstarrig ist, unbelehrbar und völlig festgefahren. So großartig Geradlinigkeit im Leben und Denken ist, jede Konsequenz kann sich zu Starrsinn verhärten, zur Rechthaberei und zum Prinzipienreiten bis hin zu ausdrücklicher Gewalt. Und in der steckt ja immer nicht gestaltete Angst – die Angst vor dem Weichen und Offenen. Wirklich lebendig dagegen ist unsereine*r, wenn wir flexibel sind – weder hart gegen sich und andere noch butterweich und nachgiebig. Vor Schreck erstarren ist eines, innerlich steif und hart werden etwas sehr anderes, denn da meldet sich mitten im Leben schon die Leichenstarre des Todes.

„Wärme du, was kalt und hart, löse, was in sich erstarrt, lenke, was den Weg verfehlt", so heißt es in einem bald tausend Jahre alten Pfingsthymnus, ein Gebet an den heiligen und heilenden Geist, voll therapeutischer Weisheit.[83] Wörtlich übersetzt lautet diese 7. Strophe: „Mache flexibel, was rigide ist; erwärme, was frigide ist." Alfred Delp, der katholische Bruder Dietrich Bonhoeffers, hat dazu im Nazi-Gefängnis einen Kommentar verfasst, der zu seinem geistlichen Testament wurde. Da klagt er über den „Kältetod" der Beziehungen und die Selbstabschottung der Kirchen vor diesem Heiligen Geist: „Dass da ein Menschentyp geworden ist, vor dem selbst der Geist Gottes, man möchte sagen, ratlos steht und keinen Eingang findet, weil alles mit bürgerlichen Sicherheiten und Versicherungen verstellt", ist ihm ein Riesenproblem.[84] Es ist ein schmaler Grat zwischen Prinzipientreue und bloßer Sturheit, von fundamentalistischen Verhärtungen ganz zu schweigen.

Schon seit biblischen Zeiten gelten Halsstarrigkeit und Herzenshärte als besondere Gefahr des frommen Menschen (Hebr 3,15). Man kann sich gegenüber Gott und dem Nächsten in einer fatalen Weise abschotten und nicht zuletzt auch gegenüber sich selbst. „Wenn du fragst, was ein verhärtetes Herz ist, dann hast du es schon", schreibt Bernhard von Clairvaux dem Papst.[85] Wir sprechen heute von Sklerose. Im Starrsinn ist etwas Lebensverweigerndes, auch von Apathie wäre zu sprechen, von seelischer Erstarrung.

IL: Wundstarrkrampf gehört zu den unheimlichen und irgendwie auch faszinierenden Wörtern meiner Kindheit. Obwohl kein Fremdwort, konnte ich mir dennoch keinen rechten Reim darauf machen. Vom Hund gebissen, das Knie aufgeschürft, in eine Glasscherbe getreten: immer schien Wundstarrkrampf zu drohen. Obwohl doch die allermeisten gegen Tetanus geimpft waren.

Übertragungen drängen sich auf. Jeder Starrsinn resultiert aus Verletzungen, Wunden, Traumata. Wenn sie nicht richtig behandelt, gereinigt, integriert werden, verkrampfen wir uns. Der sprichwörtliche Altersstarrsinn ist dann nur die Verschärfung und Steigerung dessen, was schon viel früher einsetzt. Bereits junge Menschen können ziemlich rigide sein. Dahinter stecken immer Verwundungen und damit verbundene Ängste. Je tiefer sie sich in die Seele eingraben, desto starrsinniger werden wir. „Ein Mann namens Ove" ist für mich so ein Beispiel. Was hat er nicht alles erlebt. Schrecklich. Am Ende seines Lebens ist er einsam, abgeschottet und massiv suizidal – und wird erlöst, weicher, verbunden. Zugegeben etwas kitschig, dieser erfolgreiche schwedische Film von 2015. Doch er deutet an, was gegen Wundstarrkrampf vor allem helfen und heilen kann: liebevolle Beziehungen und Großherzigkeit.

Stumpfsinn

GF: Dass ein stumpfes Messer nichts taugt, gehört zu den Binsenweisheiten. Wer dagegen scharf ist auf etwas oder jemanden, ist nicht ohne Interesse. Man muss nur einem Graureiher bei der Jagd zuschauen, um eine Ahnung von fokussierter Präsenz zu bekommen. Ein Problem scharfsinnig zu lösen, verrät Geschick und Begabung. Und etwas in Angriff zu nehmen, beweist schöpferische Spannung. Und erst recht das Schenken: welcher Glanz in den Augen. Abgestumpft dagegen verbinde ich mit Erschöpfung und Lebensmüdigkeit. Von Glanz leider keine Spur mehr. Alles wird gleichgültig und lustlos, „alles egal", keine Kraft zu Initiativen mehr. Man lebt dann irgendwie noch so mit, aber was heißt da Leben? Eher müsste man von sanfter Verblödung sprechen. Kritische Philosophen und Analysten haben immer wieder die Gefahr angesprochen, die vorherrschende Unterhaltungsindustrie könne zum Abstumpfen und Verblöden beitragen. „Gegen die Dummheit sind wir wehrlos. Weder mit Protesten noch Gewalt lässt sich hier etwas ausrichten", schrieb Bonhoeffer angesichts der Nazi-Ideologie.[86] Schon vor Jahren sagten mir fromme Muslime im Iran: „Ihr im Westen habt ja nichts mehr, wofür ihr leben und sterben könnt." Die Betrachtung des Stumpfsinns führt immer auch zur Frage, wofür jemand brennt und worauf man scharf ist.

Die frühen Mönchsväter und -mütter, diese großen Therapeut*innen aus der Wüste, sahen in diesem Verlust der Lebensfreude die größte Gefahr. Acedia nannten sie das, nicht nur andauernde Frustration, sondern resignatives Absacken ins eigene Nichts. Seit Kierkegaard nennen wir das heute schlicht Verzweiflung. „Verzweifelt man selbst oder eben nicht man selbst sein wollen zu müssen" – das ist gemäß seinem Klassiker „Die Krankheit zum Tode" die tragische Alternative, so lange der Mensch keinen Bezugspunkt gefunden hat, um sich selbst „als erwählt zu wählen" und bejahen zu können. Zur Schattengeschichte gerade moderner Subjektivität gehören nicht nur „Melancholie" und „Depression", sondern eben auch Verzweiflung.

Die bei den Mönchsvätern praktizierte Gegenmedizin heißt „Beten und Arbeiten" und das im guten Rhythmus wie Einatmen und Ausatmen, wie Alleinsein und Gemeinschaft. Wir könnten mit Freud auch von „Lieben und Arbeiten" sprechen. Und entscheidend ist immer: der Raum zuvorkommenden, tragenden Vertrauens.

IL: „Wenn er so die Straßen kehrte, tat er es langsam, aber stetig: Bei jedem Schritt einen Atemzug und bei jedem Atemzug einen Besenstrich. Schritt – Atemzug – Besenstrich. Schritt – Atemzug – Besenstrich. Dazwischen blieb er manchmal ein Weilchen stehen und blickte nachdenklich vor sich hin. Und dann ging es wieder weiter – Schritt – Atemzug – Besenstrich –."[87] Das scheint eine stumpfsinnige Arbeit zu sein, die Beppo, der Straßenkehrer, da zu verrichten hat. Doch er weiß um ihre Notwendigkeit, verrichtet sie ohne Hektik und denkt dabei große Gedanken. Momo, die zuhören kann, entlockt ihm diese. „Man darf nie an die ganze Straße auf einmal denken, verstehst du? Man muss nur an den nächsten Schritt denken, an den nächsten Atemzug, an den nächsten Besenstrich. Und immer wieder nur an den nächsten. […] Dann macht es Freude; das ist wichtig, dann macht man seine Sache gut. Und so soll es sein." Beppo scheint es zu gelingen, seine monotone Arbeit nicht stumpfsinnig zu verrichten.

Ist das auch denen möglich, die in einer Fabrik oder am Fließband Akkord arbeiten? Um diese Lebenswelt von innen heraus kennen zu lernen, beginnt die Philosophin Simone Weil 1934 als Hilfsarbeiterin in einer Elektrofirma und, von krankheitsbedingten Unterbrechungen abgesehen, sammelt dann über mehrere Monate in verschiedenen Industriezweigen einschlägige Erfahrungen, die in ihrem „Fabriktagebuch" nachzulesen sind. Mechanische Arbeit gewährt keine Zeit zum Träumen oder gar Denken. Die mit dem Akkord verbundene Müdigkeit und die permanente Angst vor Unfällen, aber auch davor, dem Zeitdruck nicht standzuhalten, tragen wie der oft autoritäre Stil der Betriebsleitungen dazu bei, dass Weil fordert, die Gewerkschaften sollten sich weniger mit Lohnfragen als mit einer Humanisierung der Arbeits- und Lebensbedingungen beschäftigen. Der mit der entwürdigenden Arbeit verbundene Stumpfsinn ist eine Tatsache, die Weil entsetzt: „Freizeit hat man in einem 8-Stunden-Tag theoretisch nicht wenig; praktisch wird sie von der Müdigkeit aufgezehrt, die oft zur völligen Abstumpfung führt."[88] Bald 100 Jahre später, im digitalen Zeitalter, sind viele neue Möglichkeiten entstanden, die dazu führen können, dass Menschen „sich erschöpfen" und abstumpfen. Und auch hier stellt sich die Frage, was zu einer Humanisierung der Lebens-, Arbeits- und Freizeitwelt beitragen kann.

Tastsinn

GF: Unvergessen ist mir die Szene damals mit meinem dreijährigen Neffen Tobias. Ich brachte ihn zu Bett, die Gutenachtgeschichte wurde erzählt, ich streichelte ihn auf der Brust und sagte „Jetzt wollen wir schlafen", und er darauf „Kannscht ruhig weitermache", mit Streicheln natürlich. Was wäre unsereins ohne die Haut und das Gespür dafür! Was fehlte uns, wenn wir nichts ertasten könnten, mit den Händen natürlich und eben mit allen Sinnes- und Wahrnehmungsvermögen. Unvergessen auch die Sensitivity-Seminare damals: sich mit geschlossenen Augen führen lassen und einen Baum, die Oberflächen seiner Rinde oder ein menschliches Gesicht ertasten! Natürlich können wir uns auch mit offenen Augen abtasten, bewundernd oder taxierend, von den elektronischen Medien ganz zu schweigen (ein Handy kann freilich eben nicht fühlen!). Und was erst bedeutet Tastsinn für blinde Mitmenschen! Und wie oft stochern wir sehenden Auges doch im Nebel! Der er-tastende Umgang mit Menschen, Dingen und Atmosphären hat jedenfalls mit erhöhter Achtsamkeit zu tun, mit Sorgfalt und auch mit Überraschungsbereitschaft. Da wird nicht fertig gemacht, sondern eröffnet, da ist Erwartung im Spiel und Entdeckerlust.

So lässt der gebildete Heidenchrist Lukas den Apostel Paulus mit gebildeten Griechen in Athen sprechen: „Sie sollten Gott suchen, ob sie ihn ertasten und finden könnten; denn keinem von uns ist er fern. Denn in ihm leben wir, bewegen wir uns und sind wir" (Apg 17,27f). Die Erfahrung, dass wir Menschen uns jenseits von Eden allzu oft sehenden Auges doch wie Blinde erfahren, durchzieht die ganze Bibel: „Wir tasten uns wie Blinde an der Wand entlang, / ja, tasten wie jemand, der keine Augen hat" (Jes 59,10). „Am helllichten Tag tappst du im Dunkel wie ein Blinder. Deine Wege führen nicht zum Erfolg" (Dtn 28,29). Jesus wird umgekehrt als Sehender und Seher geschildert; voller Feinsinn tastet er sich heran an die Not derer, die nicht sehen und öffnet ihnen die Augen (zum Beispiel Mk 8,22–26).

IL: Uwe Timm erzählt in „Römische Aufzeichnungen" von einem Besuch in der Villa Borghese. Im Sockel der Bernini-Skulptur „Apollo und Daphne" befindet sich ein Loch. Der Autor kann nicht anders als darin zu pulen. Und wundert sich über die weiche und poröse Beschaffenheit des Marmors. Hier ein Auszug aus den mit dieser Erfahrung verbundenen Reflexionen: „Dieses kleine Loch am Sockel ... deutet auf das Fühlen selbst, auf den Proleten unter den Sinnen, den Tastsinn, der in der phylogenetischen Entwicklung sich für all die anderen Sinne und deren Kultivierung abarbeiten musste, dabei zugleich aus Gründen der Sauberkeit (Fass das nicht an) und des Lustaufschubs (Fummel nicht) unterdrückt wurde. Für den es bezeichnenderweise keine künstlerische Befriedigung oder gar Weiterbildung gibt wie für die Brudersinne: dem Ohr die Musik, dem Auge die Malerei, der Zunge die Sprache, den Gesang und die Kochkunst. Dem Tasten wurde sogar noch die ihm gemäße Kunstform entzogen und dem allmächtigen Auge zuerkannt, die Skulptur. Will er sich ihr dennoch nähern, bekommt er etwas auf die Finger. So bleibt nur die heimliche Befriedigung, und bestimmte Details von Plastiken in den Museen sprechen trotz der Verbotsschilder durch ihre glänzende Abgegriffenheit von diesen geheimen Lüsten."[89] Auch der rechte Fuß der Bronzestatue von Petrus im Petersdom sowie andere Ziele religiöser Pilgerfahrer mit ihren Abnutzungserscheinungen wegen millionenfacher Berührung sprechen hier Bände. Eine andere Stelle in Timms Aufzeichnungen erinnert an eine biblische Tastsinn-Episode. Caravaggio hat diese eindrücklich ins Bild gebracht: „Wie Christus, sein Gewand beiseiteschiebend, sich dem ungläubigen Thomas offenbart. Er zeigt ihm nicht nur die Einstichstelle der Lanze in der Brust, sondern führt die Hand des ungläubigen Thomas zur Wunde. Ein alter, griesgrämiger und ganz offensichtlich kurzsichtiger Mann, der ... mit dem Zeigefinger in die Wunde fährt, nein stochert. Das ist das Neue und Ungeheure, das Caravaggio zeigt: die Sinne als Instrumentarium der Erkenntnis."[90] In diesem Fall der Tastsinn (vgl. Joh 20,24–29).

Ein poetisches Gebet von Wilhelm Willms bringt das labyrinthische Sich-Herantasten an das göttliche Geheimnis faszinierend zum Ausdruck. Es liest sich auch wie ein Kommentar zur Thomas-Episode. Der Weg führt vom aktiven Gehen und dem Tasten über Trauer und Schmerz (Wunden) ans Ziel, und zwar nicht mittels des Sehens, sondern im Gegenteil: „meine schritte kreisen um die mitte / meine worte suchen eine pforte / meine hände tasten ab die wände / meine trauer klagt an einer mauer / meine wunden werden nicht verbunden / mein erblinden wird dich endlich finden".[91]

Tiefsinnig

GF: Oberflächliches Gerede kann nerven, aber ständiges Tiefenbohren im Grundsätzlichen auch. Natürlich brauchen wir Höhepunkte im Leben, die Tiefpunkte kommen meist von allein oder sind selbstverschuldet. Dann gilt es in die Tiefe einzutauchen und Gründe zu erforschen. Dann kann ein tiefes Gespräch entstehen und man lernt tief blicken. So spricht man von Tiefenpsychologie, und diese Art von Tiefsinn ist Gold wert, weil man da auf den Grund kommt und Letztes vom Vorletzten unterscheidet. Der große jüdische Theologe Heschel hat deshalb die Psalmen „Tiefentheologie" genannt.[92] Und Paulus schreibt von jenem Geist, der sogar die Tiefen der Gottheit erforscht (vgl. 1 Kor 2,10). Aber jene Art von Tiefsinn, die alles schwer macht und die gute Leichtigkeit des Seins belastet, ist eher ein Störenfried.

IL: Wenn es eine Tiefenpsychologie gibt, müsste es im Grunde auch eine Höhenpsychologie geben. Diese Ergänzung macht Viktor E. Frankl, weil es immer um den ganzen Menschen geht, auch mit seinem Willen zum Sinn.[93] Doch wir sind beim Stichwort tiefsinnig. Eine eindrückliche Einladung zur Vertiefung finde ich im Lukas-Evangelium. Petrus und die Seinen hatten vergeblich gefischt. Gleichsam im Trüben. Die ganze Nacht über. Am nächsten Morgen fordert Jesus ihn auf: „Fahre hinaus, wo es tief ist, und werft eure Netze zum Fang aus!" (Lk 5,4) Petrus beherzigt dieses jesuanische Wort und hat Erfolg – im Tiefen.

Madeleine Delbrêl ist überzeugt: „Der Glaube will unterhalten sein wie ein Feuer."[94] Auf die Frage, woher der Brennstoff für dieses Feuer kommen könnte, antwortet sie mit dem Bild der Ölbohrungen. Die heute ökologisch sehr problematische Form der Energiegewinnung scheint sie fasziniert zu haben. Es ist ihr Bild für einen konzentrierten geistlichen Weg der Tiefenbohrung: „Heutzutage ist in manchem städtischen Leben das Gebet nur durch Bohrungen möglich, wobei

Intensität die Dauer ersetzt. Solch kräftiges und sicht-
loses Hinabtauchen strebt in der Tiefe zu Gott hin, in
konzentrierten Akten des Glaubens, der Hoffnung und
der Liebe. Ihre Beharrlichkeit besteht in einer gebroche-
nen Linie, aber ihr wiederholter Vorstoß erreicht die
Tiefe zu der Stunde, die Gott bestimmt, an der Stelle,
wo man Gott schöpft."

Der Weg der Mystik ist ein Weg in die Tiefe und in
die Höhe. Schicht für Schicht geht es immer tiefer hinab
– und paradoxerweise, wenn auch nicht unbedingt
spürbar, so auch hinauf. „Aus der Tiefe", „de profundis"
– damit beginnt der so oft auch vertonte Psalm 130. Der
Schrei steigt von dem Ort oder auch Nicht-Ort auf, an
dem sich das Wesentliche abspielt – in dieser oft ver-
rückten Mischung aus Sehnsucht, Not, Tod, Hoffnung,
Glück und Leben.

Trübsinn

GF: „Naturtrüb" beim Apfelsaft ist ein Gütezeichen,
naturbelassen und ungetrübt von künstlichen Zusätzen.
Das erinnert sofort an die positiven Bezüge: Trübes
Wetter kann für die Natur hilfreicher sein als zu viel
Sonne oder Kälte, ein wichtiges Mischphänomen zwi-
schen Extremen. Wenn einen Trübsinn überkommt,
steckt darin immer auch eine Frage und eine Botschaft:
Da will und soll sich etwas klären, da ist etwas durch-
einandergebracht und will verstanden werden. Ist es
Trauer, ist es Angst, sind es Schattenseiten meiner
Natur, sind es unerledigte Lebensgeschäfte? Auf Dauer
erstrebenswert ist Trübsinn jedenfalls nicht und Be-

trübnis schon gar nicht. Und ständig Trübsal zu blasen, ist wenig kreativ und nervt.

Schön sagt das eine chassidische Geschichte, voll psychologischer und therapeutischer Weisheit. Auf die Frage, warum Abraham Heimatland, Geburtsort und Elternhaus verlassen musste, antwortet Rabbi Sussja: „Gott spricht zum Menschen: Zuvorderst geh aus deinem Land – aus der Trübung, die du dir selbst angetan hast. Sodann aus deinem Geburtsort – aus der Trübung, die deine Mutter dir angetan hat. Danach aus deinem Vaterhaus – aus der Trübung, die dein Vater dir angetan hat. Nun erst vermagst du in das Land zu gehen, das ich dir zeigen werde."[95] Offenkundig ist das jenseits von Eden naturgetrübte Leben so, dass immer Aufbruch und Auszug nötig ist. Nichts ist wünschenswerter und notwendiger als Klarheit für den nächsten Schritt – und Offenheit für den Lockruf beziehungsweise Fingerzeig Gottes.

IL: „Was betrübst du dich, meine Seele, und bist so unruhig in mir?" In den Psalmen 42 und 43 taucht diese Frage dreimal als Refrain auf. Dieses innere Selbstgespräch gilt es zu führen. Denn Trübsinn, Trauer und Unruhe sind in uns. Wer auch immer diesen Dialog führt: Ich und Selbst, Ich und Seele, großes und kleines Ich, I and Me – die Antwort auf die Frage gleicht einer Aufforderung oder Einladung: „Harre auf Gott; denn ich werde ihm noch danken, dass er meines Angesichts Hilfe und mein Gott ist." Die Kraft auszuharren, diese pathische Fähigkeit: Ein geistliches Leben entfaltet diese immer neu. Sie kann so zu dem werden, was Ingolf Dalferth so treffend „kreative Passivität" genannt hat, und in Dank und Lobpreis münden. Der Weg geht durch den Trübsinn hindurch. Das war auch bei Jesus so, der in seiner Passion die Psalmen zitierte und dessen Seele in der Nacht vor seiner Kreuzigung betrübt war bis an den Tod (vgl. Mk 14,34).

Uhrzeigersinn

IL: An Bahnhöfen oder Kirchtürmen hängen sie (noch): große analoge Uhren, deren Zeiger beständig und meist zuverlässig ihre Runden drehen. Vielleicht wird das Wort irgendwann aussterben. Wenn das Digitale weiter zunimmt. Doch noch ist es geläufig. In Befindlichkeitsrunden oder anderen Sitzkreisen heißt es oft: Jemand fängt an – und dann geht es weiter im Uhrzeigersinn. Das schafft Klarheit und Orientierung. Jede*r weiß so, wann er/sie dran ist. Mit dem oder gegen den Uhrzeigersinn ist eine mögliche Richtungsangabe in Kreistänzen, aber auch Gehmeditationen. Gegen den Uhrzeigersinn: Will das Tanzen oder meditative Gehen die Zeit aufheben? Einen anderen Akzent setzen – gegen das permanente Vorwärtsschreiten? Das Wort gibt Anlass, über Zeit nachzudenken. Der Weg der runden Uhr und ihrer Zeiger: Steht er für die Wiederkehr des ewig Gleichen? Welche Zeitvorstellungen gibt es außer der vom permanenten Fortschreiten der Zeit?

GF: Es gibt ja auch die innere Uhr und den Bio-Rhythmus. Wohl alle können zum Beispiel ein Gespür dafür gewinnen, wann sie am besten drauf sind und welche Zeitspanne die kreativste ist. Gut getaktet zu sein und zu wissen, was jeweils an der Zeit ist, gehört zur rechten Lebenskunst. Auf noch kaum erforschte Weise hängen inneres Zeitempfinden und kosmische Zeitrhythmen miteinander zusammen. Wie sind wir wann gestimmt? Warum haben wir viel Zeit, wenn es uns gut geht, und schlagen sie tot, wenn Frust und Langeweile herrschen? In der rundum erfüllten Zeit glücklicher Augenblicke ist bereits das gegeben, was man Ewigkeit nennt: Es gibt keine Befristung und Hektik mehr. Zielt darauf nicht jener Lebensrhythmus, der dem Uhrzeigersinn folgt? Jeder Augenblick wird dann wichtig, jede Zeitspanne eröffnet Möglichkeiten und alles kommt in Ordnung. Würde die altertümliche Redeweise „das Zeitliche segnen" nicht immer gleich auf Ende und Tod hin bezogen, könnte sie genau als Notenschlüssel dienen: dem Rhythmus der gestundeten Zeit(en) folgen und sie schöpferisch gestalten, ist nichts anderes als ein Segen, ein Füllhorn von Möglichkeiten. So spricht die Bibel von der Gegenwart des treuen Gottes: „Alles hat seine Zeit" (Koh 3).

Unsinn

IL: „Dunkel war's, der Mond schien helle, als ein Auto blitzeschnelle langsam um die Ecke fuhr ..." Das klingt alles normal und geordnet, es reimt sich. Und doch ist es blanker Unsinn. Als Kind hat mich das fasziniert. Und auch heute noch amüsiert es mich. Unsinn, Dada, Nonsens. Darin steckt ein Protest: gegen zu viel Kalkül und Berechnung, gegen zu viel Kontrolle und Funktionalität. Unsinn ist nahe am Blödsinn (s. o.). Beide werden bisweilen verwendet, als seien sie Synonyme. Und doch: Unsinn sagt Nein. Dieses Nein-Sagen kann beides sein, destruktiv, aber auch konstruktiv.

Dazu ein Beispiel aus vergangenen Zeiten: Wien, Anfang 19. Jahrhundert. Um liberale Ansichten zu unterdrücken, hat Staatskanzler Fürst von Metternich einen Polizeistaat mit strenger Zensur und vielen Spitzeln aufgebaut. Die Freigeister zogen sich ins Private zurück, erfanden Geheimsprachen und -zeichen, um ihre Identitäten zu verbergen, sich verständigen sowie ihre Ideen austauschen zu können. Einer dieser Zirkel nannte sich Unsinnsgesellschaft. Der Komponist Franz Schubert war eines ihrer Mitglieder. Das Beispiel macht deutlich, dass Unsinn sinnvoll sein kann. Er hat auch mit Fantasie zu tun und kann sogar nachhaltig sein. Jedenfalls gibt es die Schubertiaden, die aus dem Zirkel hervorgegangen sind, heute noch.

GF: „Ein Wiesel / saß auf einem Kiesel / inmitten Bachgeriesel." So beginnt ein witziges Gedicht von Christian Morgenstern. Dieses „ästhetische Wiesel" (so die Überschrift) hat nur einen Sinn: Es dient dem Reim(en). Spielerisch unterbricht es Erwartungszusammenhänge und schafft neue Sprachräume und damit auch Sichtweisen und sogar Verhaltensmuster. Fast zeitgleich hat zum Beispiel der Dadaismus die überall vorherrschende „Vernunft" mit ihrer Gedanken- und Normenkontrolle sprachlich auf den Arm genommen. Immer wieder gibt es künstlerische Initiativen vergleichbarer Art, die Gewohntes kreativ dekonstruieren: Gerade der künstlerischen Fantasie sind keine Grenzen gesetzt. Stets geht es um „Sachen", die es eigentlich nicht gibt. Wo das Leben

gefühlt oder real zu eng wird, muss etwas „Verrücktes"
her. Wie befreiend kann es sein, einfach „Quatsch" zu
machen. Vergleichbar der Kunst steckt auch in lebendiger Religion diese Kraft zur Unterbrechung: Das Geheimnis, das wir Gott nennen, ist in Wirklichkeit doch
ganz anders als wir denken. Warum denn sonst hat
man Jesus und Leute seines Schlages auch als Störenfriede empfunden und gar zu beseitigen versucht? Sogar
Feinde zu lieben, ist ja für unheilbar Gesunde der
nackte Unsinn – und hat eben doch das gewisse Etwas,
das Menschwerden erst rund macht. Eigentlich schade,
dass die gängigen Sinn-Agenturen wie Kirchen, Par-
teien und Gewerkschaften immer so schrecklich „vernünftig" sein müssen ...

Versonnen

IL: Wer besonnen handelt, hat alle oder zumindest viele
Sinne beisammen. Versonnen bedeutet gleichsam das
Gegenteil dieser Zielgerichtetheit. Die Sinne sind nicht
fokussiert, sondern sie sind in viele Richtungen hin
offen. Verträumt ist ein verwandtes Wort. Als ob da
etwas ver-rückt wäre. So wirken Träume ja auch öfter:
verrückt. Wieder ist es die Fähigkeit zur Intuition, die im
Versonnen-Sein zum Tragen kommt.

GF: Noch stärker verbinde ich mit diesem Stichwort das
Entspannte, Beruhigende, Vertrauende. „Die Seele bau-
meln lassen" finde ich eine treffende Redensart. Auch
Rilkes tolles Bildwort vom „Weltinnenraum" fällt mir
ein: irgendwie hineinhorchen ins Größere und sich

dem anvertrauen, was erst spürbar wird, wenn ich mein reflexives Bewusstsein und mein Ego in den Hintergrund treten lasse. Natürlich haben alle Formen von Meditation und Kontemplation damit zu tun. „Nimm dich selbst wahr, und so viel du dich findest, lass dich."[96] „Ver-lass dich!" Dieser Grundsatz des jungen Meister Eckhart bringt das schön auf den Punkt. Aus derselben Zeit auch der phantastische Rat einer Mystikerin an ihre Schülerin: "Leide dich mit Freuden"[97] – und entdecke so die Gegenwart, die wir Gott nennen.

Wahnsinn

IL: „Glaube nicht alles, was Du denkst" – dieser Spitzensatz der Achtsamkeitsbewegung kann helfen, den mehr oder weniger ausgeprägten Wahnvorstellungen auf die Schliche zu kommen. Wie oft erzeugt das eigene Kopfkino Misstrauen, miese Stimmung, Befürchtungen, Unsicherheiten und Ängste. Es ist eine alltägliche Falle, das Verhalten anderer zu schnell und zu ungefiltert auf sich zu beziehen und sich davon beeinflussen zu lassen. Wenn die Kollegin nicht grüßt, liegt das nicht unbedingt daran, dass ich einen Fehler gemacht habe, sondern es könnte auch daran liegen, dass sie abgelenkt oder mit anderem beschäftigt ist. Gedanken entstehen sehr schnell. Und sie können uns dominieren und die Lebendigkeit einschränken. Was im Kleinen beginnt, kann sich ausweiten. Psychopathische Wahnvorstellungen und Paranoia sind gar nicht so selten und finden sich auch nicht nur an den Rändern einer Gesellschaft. Die Anzahl derer, die Verschwörungstheorien anhängen, scheint stetig zuzunehmen. Dahinter steckt eine große Not. Die eigene Lebens- und Todesangst findet ein Ventil. Als Seelsorgerin hatte ich schon öfter mit Wahnvorstellungen zu tun: Das reicht von der Angst vor bestimmten Zahlen(-kombinationen) – Häuser mit den entsprechenden Nummern werden nicht betreten oder bestimmte Telefonverbindungen werden vermieden – über Schikanen durch eine feindlich gesonnene Nachbarschaft bis zum Wahn, bei der letzten Zahnbehandlung ein Abhörgerät implantiert bekommen zu haben.

GF: Ja, bei Verschwörungsfantasien – von „-theorien" möchte ich nicht sprechen – ist oft auch ein immenses Sicherheitsbedürfnis im Spiel. Die Realität wird als so komplex, undurchschaubar und schwierig erlebt, dass man sich eine eigene Welt schafft oder denen auf den Leim gehen muss, die schnelle und einfache Lösungen anbieten, vor allem innere Beruhigung und Beheimatung. Aber ich möchte auch an Nietzsches Überlegungen zu „Genie und Wahnsinn" erinnern. Wie viele tolle Gedanken und auch Erfindungen verdanken wir Leuten, die der vermeintlich normale Mensch für etwas verrückt hält und die in kein gewohntes Bild passen. Man denke nur an Leben und Werk von Friedrich Hölderlin. Das ist „der nackte Wahnsinn", kann man im Volksmund hören – und gemeint ist etwas Unglaubliches. Die Geschichte der Psychiatrie zeigt bis heute die Schwierigkeit, genauer zu bestimmen, was als gesund und was als krank zu gelten hat. Nicht zuletzt ist es im Raum des Spirituellen und Religiösen wichtig, zwischen „gefährlichem" und „schöpferischem" Wahnsinn zu unterscheiden. Denn die Begegnung mit dem Göttlichen kann hoch explosiv und ekstatisch sein (und jeder verliebte Menschen weiß davon). Gezielt wurden in den Religionen sogar Drogen eingesetzt, um die Grenze „zwischen Zivilisation und Wildnis" (H. P. Dürr) zu überschreiten und in Trance zu kommen, also ein bisschen wahnsinnig zu werden. Und umgekehrt zeigt der immense Drogenbedarf in der säkularen Welt, wie viel Überschreitungs- und Transzendenzbedarf besteht. Auch in den ältesten Überlieferungen von Jesus gibt es zum Beispiel das Urteil seiner nächsten Verwandten, er sei wahnsinnig (Mk 3,21). Von früh an war es im Christentum fundamental, die Geister zu unterscheiden: Gottbegegnung und Vernunftgebrauch sollten nie ein Gegensatz sein. Und noch die hinreißendste Gotteserfahrung sollte ihren Maßstab an der Tat konkreter Nächstenliebe haben. Je rational(istisch)er die Selbst- und Weltsicht wurde, desto wichtiger wurde religiös das „Mystische", also das, was mehr als rational, nützlich und menschlich normal war. In authentischer Mystik soll und darf nichts wahnsinnig sein und machen, wohl aber kann es zu derart überraschenden und sogar ekstatischen Sicht- und Handlungsweisen kommen, dass sie jedes Vorverständnis sprengen. Umso wichtiger sind dann gute Begleitung und klares Urteil. Nichts im Spirituellen und Religiösen sollte unvernünftig sein, und glaubhaft ist nur gelebte Liebe. Nicht nur vor wirklichem Wahnsinn sollte man sich in Acht nehmen, sondern auch vor jenen allzeit Vernünftigen, die ihren begrenzten Horizont mit der ganzen Wirklichkeit verwechseln. Christlich gehört größte Überraschungsfreude jedenfalls zum Inbegriff der Vernunft, denn „bei Gott ist nichts unmöglich" (Lk 1,37).

Widersinnig

IL: Die Sehnsucht nach einem sinnerfüllten Leben wird insbesondere durch das Sinnlose, Absurde, misstönend Groteske herausgefordert. In der Einleitung hast du Albert Camus als den prominenten Philosophen des Absurden erwähnt. Er hat dafür gekämpft, sich mit dem Widersinnigen nicht einfach abzufinden, es nicht abzuschwächen. Es beim Namen zu nennen. Eine große Kraft, damit zu leben, entdecke ich zum Beispiel bei Etty Hillesum. Ihr „Trotzdem" findet nicht in allem einen Sinn, sondern sie behauptet es durch das Sinnlose beziehungsweise Widersinnige hindurch. Für das, was sie erfährt beziehungsweise was ihr widerfährt, fehlen ihr letztlich die Worte: „Das Leben und das Sterben, das Leid und die Freude, die Blasen an den wund gelaufenen Füßen und der Jasmin hinter meinem Garten, die Verfolgungen, die unzähligen sinnlosen Grausamkeiten, all das, ja wirklich all das ist in mir wie ein einziges starkes Ganzes, und ich akzeptiere alles als ein Ganzes und beginne immer besser zu verstehen, nur für mich selbst, ohne es bislang jemandem erklären zu können, wie sich alles zueinander verhält."[98] Hier kommt die Sprache an ihre Grenze. Deshalb äußert sie nur ein paar Tage später: „Worte wie Gott und Tod und Leiden und Ewigkeit muss man wieder vergessen. Und man muss wieder so einfach und wortlos werden wie das Getreide, das wächst, oder der Regen, der fällt. Man muss einfach nur *sein*." Lebe- und Sterbemeister*innen wie Etty Hillesum, Edith Stein und Dietrich Bonhoeffer scheint es bis zum Schluss gelungen zu sein, sich anderen zuzuwenden, freundlich und gelassen zu bleiben. Durch alles Widersinnige hindurch. Faszinierend.

GF: Hier muss ich unbedingt an eine Sprach- und Lebensform erinnern, die man para-dox nennt, in wörtlicher Übersetzung: gegen den Anschein, den sinnenhaft zugänglichen. „Wir sind weglos, aber nicht ausweglos", schreibt zum Beispiel Paulus von seiner Christus-Nachfolge (2 Kor 4,7 in der goldrichtigen Übersetzung von Fridolin Stier, das urtextliche Sprachspiel aufnehmend). Widersprüchlich und widersinnig wird hier zusammengespannt, was sich logisch eigentlich ausschließt beziehungsweise durchkreuzt. Jahrhunderte zuvor hatte Sokrates von sich gesagt: „Ich bin der ortloseste aller Menschen und bringe sie in Verlegenheit (= Aporie)."[99] Damit die ganze Wahrheit ans Licht komme, wird schöpferisch irritiert. Gängige Denk- und Lebensweisen werden unterbrochen, ja gebrochen und neu bezogen. Ambrosius nennt das Wirken des Gottes-Geistes zum Beispiel „nüchterne Trunkenheit" und Madeleine Delbrêl spricht vom „dunklen Licht" des Glaubens. Alles, was hinreißt und überwältigt, sprengt gewohnte Sprach- und Lebensformen. Paradox ist deshalb die Redeweise, die besonders in Geschichte und Gegenwart der Mystik zentral ist. Ein christlicher Koan-Spruch solch paradoxer und damit mystagogischer Kraft stammt von Ignatius von Loyola: „Vertraue so auf Gott, als hinge aller Erfolg von dir und nichts von Gott ab; wende jedoch alle deine Mühe so an, als würdest du nichts und Gott allein alles bewirken."[100]

Zipfelsinnig

IL: Dieses alemannische Dialektwort habe ich zum ersten Mal gehört, als ich so um die 30 war und während der jährlichen klösterlichen Retreats regelmäßig unter massiven Schlafstörungen litt. Der Klang des Wortes verkörpert, was es meint: nervös, unruhig, hibbelig sind Assoziationen. Und in meiner süddeutschen Heimat bekommen zum Beispiel Kinder, die nicht ruhig auf ihrem Stuhl sitzen bleiben können, bisweilen zu hören: „Du bist ein Zipfel!"

Irgendwie scheinen hier die Sinne verrückt zu spielen. Als stieben sie auseinander, in verschiedene Richtungen. Das führt zu Zerreißproben. Das macht einen kirre.

Ob ich damals wirklich „zipfelsinnig" war, weiß ich nicht. Es war eine tiefe Unruhe in mir, die vermutlich eher mit der existentiellen Befindlichkeit zu tun hatte, von der Augustinus spricht: „Unruhig ist unser Herz, bis es Ruhe findet in Dir." Die Quelle allen Lebens, Gott selbst, ist Adressatin dieser Sehnsucht nach Ruhe.

Inzwischen schlafe ich wesentlich besser während der Auszeiten. Die Angst vor dem, was im Schlaf an Unbewusstem in den Träumen aufsteigen könnte, scheint abgenommen zu haben. Auch Übungen des autogenen Trainings sowie Körperwahrnehmungen, zum Beispiel das Spüren der Fersen oder das Achten auf das Atmen, helfen jedenfalls bei Zipfelsinnigkeit oder auch Unruhe.

GF: Da kann ich als „hochdeutscher" Sohn österreichischer Eltern (und deshalb gern Alemannisch hörend) nur staunen. Ich kenne zwar das Wort Rockzipfel, und

die Assoziation zum Penis liegt nahe. Aber die be-
schriebenen Phänomene von Unruhe und Zappeligkeit
sind mir natürlich bekannt. Gottseidank ist man dabei manchen Ursachen, zum Beispiel unter dem Titel
ADHS-Syndrom, medizinisch und therapeutisch auf
der Spur. Und tröstlich finde ich, dass wir ohne einen
„Zipfel" wie Mozart seine hinreißende Musik nicht
hätten ...

Zukunftssinn

IL: „Unser Zukunftssinn ist im Grunde das, was uns
lebendig hält. Er lässt uns wach bleiben, hoffen, wünschen, planen. Im Wechselspiel mit der körpereigenen
Substanz Dopamin entsteht so ein konstruktives Verhältnis zur Welt, zur Zukunft, in der wir eine Rolle spielen: Wir versuchen, die Zukünfte, die wir uns vorstellen,
durch Handlungen zu realisieren".[101] Dahinter steckt die
Idee der Re-Gnose, die der Zukunftsforscher Matthias
Horx formuliert hat. Der Musikwissenschaftler Stefan
Klöckner hat diese Idee aufgegriffen und für „Spirituelles Embodiment" fruchtbar gemacht.[102] Prognosen
lassen uns oft erschauern. Im schlimmsten Fall malen
sie Horrorszenarien an die Wand, die Angst machen
und lähmen. Re-Gnosen hingegen beziehen uns und unseren inneren Wandel in die Zukunftsrechnung mit
ein. Ausgangspunkt ist eine Krise, die uns zunächst
blockiert. Die Re-Gnose animiert dazu, eine Zukunft zu
imaginieren, in der diese Krise bewältigt wurde. Aus der
Perspektive der imaginierten Zukunft wird die Vergangenheit betrachtet unter Fragestellungen wie: „Welche

Hindernisse habe ich überwinden müssen? Welche Gefahren galt es zu vermeiden? Auf welche Stärken konnte ich zählen?"[103] Dieser Blick nach vorne und von dort aus zurück kann helfen, die mit der Krise verbundene Blockade zu überwinden und die nächsten Schritte auf dem eigenen Lebensweg zu gehen. Als biblisches Beispiel für diese mittels des Zukunftssinns vollzogene Re-Gnose zitiert Klöckner die Szene, in der Jesus in der Synagoge aus Jesaja liest und dessen Prophezeiung wie eine Re-Gnose als „heute", mit seinem eigenen Auftritt und Wirken in der Welt, für erfüllt erklärt (vgl. Lk 4,16–21). Der hoffnungsstarke Zukunftssinn gründet in der biblischen Verheißung, dass alles gut wird. Daraus erwächst die Fähigkeit, im Hier und Jetzt zu leben und zu handeln. Oder mit anderen Worten: „Hoffnung ist die Fähigkeit, die Musik der Zukunft zu hören. Glaube ist der Mut, in der Gegenwart dazu zu tanzen."[104]

Ein eindrückliches Beispiel für die Kraft der Re-Gnose beziehungsweise des Zukunftssinns liefert Viktor E. Frankl. Er erzählt von sich in der dritten Person von einem Trick, den er im KZ anwandte: „Er bemühte sich, zu diesem ganzen qualvollen Leben Distanz zu gewinnen, sich darüber zu stellen, indem er es, wie man sagt, von einer höheren Warte betrachtete, oder vom Gesichtspunkt der Zukunft, im Sinne einer zukünftigen theoretisierenden Betrachtung. Und was tat er? Er stellte sich vor, er stünde vor einem Vortragspult einer Wiener Volkshochschule und hielte einen Vortrag – und zwar darüber, was er gerade erlebte: im Geiste hielt er einen Vortrag unter dem Titel ‚Psychologie des Konzentrationslagers'."[105] Und so ist es dann auch gekommen.

GF: Vielleicht bin ich zu altmodisch. Aber was du mit Re-Gnose erläuterst, ist doch seit mehr als zweitausend Jahren als „Gedächtnis" und „Gedenkkultur" bewusst und auch bestimmend – jedenfalls im biblisch geprägten Kulturraum. Die ganze Musik der Bibel beruht darauf, wie du am Lukas-Evangelium andeutest. Im babylonischen Exil zum Beispiel muss Israel seine Zukunft neu finden und tut dies nicht ohne schöpferische Erinnerung an seine bisherige Gottesgeschichte. Die Heimkehr nach Jerusalem und der Wiederaufbau des Tempels werden hoffend imaginiert durch dankbaren Bezug auf frühere gute Erfahrungen – und das immer im genauen Wahrnehmen der Gegenwart und ihrer realistischen Veränderung. Nach demselben „Strickmuster" entsteht und funktioniert das Christentum. Jeden Sonntag spricht man im Gottesdienst von Jesus Christus, dass er kommt und mit ihm die gottgemäße gute Zukunft. Das aber gewinnt nur Hand und Fuß, weil man sich dankbar all dessen erinnert, was in der Vergangenheit mit ihm und dank seiner schon gelungen ist und damit hier und jetzt Hoffnung schenkt. Anders gesagt: Christliche Hoffnung für das Kommende gründet fest auf einer Verheißung und Zusage, und diese ist nur glaubwürdig und sattelfest, weil so viel schon gelungen ist. Biblische Religionen sind Erinnerungskulturen und eröffnen befreiende Hoffnungsbilder, die es hier und jetzt schon in die Tat umzusetzen gilt, wenigstens keimhaft, sprengkräftig und graswurzelhaft.

IL: Zu altmodisch bist du nicht. Doch es gibt vulgäre Auslegungen, die zum Beispiel ein Buch wie die Johannes-Apokalypse als „Prognose" lesen. Da hilft so ein neues, ungewohntes Wort vielleicht, um deutlich zu machen, was eigentlich mit einem solchen biblischen Buch oder anderen prophetischen Entwürfen gemeint ist. Zudem sind in der Gesellschaft Prognosen viel vertrauter und einflussreicher. Nicht nur vor Wahlen zeigt sich das. Solche Prognosen können lähmen. Und sie führen nicht ins Handeln. Mit einem entwickelten Zukunftssinn hingegen, ließe sich vermutlich zum Beispiel der Klimakatastrophe wirksamer begegnen. Deshalb würde es mir eher darum gehen zu sagen: Wir können da mit unseren biblischen Vorstellungen gut andocken und versuchen unseren Teil beizutragen, dass es gut wird.

Unsere letzten Worte dieser Sinn-Spuren sollen Dag Hammarskjöld gehören. Denn mit ihnen richtet er sich auf die Zukunft hin aus: „Ich weiß nicht, wer – oder was – die Frage stellte. Ich weiß nicht, wann sie gestellt wurde. Ich weiß nicht, ob ich antwortete. Aber einmal antwortete ich ein Ja zu jemandem – oder zu etwas. Von dieser Stunde her rührt die Gewissheit, dass das Dasein sinnvoll ist und dass darum mein Leben, in Unterwerfung, ein Ziel hat."[106]

Anmerkungen

1 Aus dem Weihnachtslied: „Ich steh an deiner Krippen hier" (1. Strophe). Das nächste Zitat von Paul Gerhardt stammt aus dem Lied: „Lobet den Herren, alle die ihn ehren" (3. Strophe).

2 Arno Geiger, Das glückliche Geheimnis, München 2023, 143.

3 Maurice Blondel, L'Action — die Tat. Versuch einer Kritik des Lebens und einer Wissenschaft der Praxis, Freiburg 2018, 27.

4 Mascha Kaléko, Resignation für Anfänger, in: Mein Lied geht weiter, München ²2007, 119.

5 Dies., In meinen Träumen läutet es Sturm, München 1977, 144.

6 Diesen Ansatz macht Wilhelm Schmid stark. Vgl. Dem Leben Sinn geben, Berlin 2013.

7 Viktor E. Frankl, … trotzdem Ja zum Leben sagen. Ein Psychologe erlebt das Konzentrationslager, München ⁷1988.

8 Hartmut Rosa, Unverfügbarkeit, Salzburg 2018.

9 Alfred Delp, Gesammelte Schriften IV, Frankfurt 1984,165.

10 Paul Tillich, Der Mut zum Sein, München ²2015, 120.

11 Volker Gerhardt, Der Sinn des Sinns. Versuch über das Göttliche, München 2022.

12 Ebd., 340.

13 Eberhard Jüngel, Das Evangelium von der Rechtfertigung des Gottlosen als Zentrum des christlichen Glaubens, Tübingen ⁵2006, 221–225. Jüngel bezieht sich in seiner Darstellung auf Niklas Luhmann und dessen Ausführungen zu „Sinn als Grundbegriff der Soziologie".

14 https://www.wortbedeutung.info/Ansinnen/

15 Vgl. Frederick S. Perls, Das Ich, der Hunger und die Aggression. Die Anfänge der Gestalttherapie, München 1989.

16 Jörg Zink, Gotteswahrnehmung. Wege religiöser Erfahrung, Gütersloh 2009, 184.

17 Vgl. ebd., 309–352.

18 Blaise Pascal, Über die Religion (Pensees), Fragment 434, übert. und hg. von Ewald Wasmuth, Heidelberg 1963, 202.

19 Josef Pieper, Das Viergespann, München 1964, 260.

20 Vgl. Giorgio Agamben, Homo sacer. Die souveräne Macht und das nackte Leben, Frankfurt a. M. ¹³2021. Agamben erkennt in den Flüchtlingen und Lagerinsassen weltweit eine zeitgenössische Erscheinung dieses doppelsinnigen homo sacer.

21 Thomas Bauer, Die Vereindeutigung der Welt. Über den Verlust an Mehrdeutigkeit und Vielfalt, Stuttgart ⁴2018.

22 Ebd., 96f.

23 Nikolaus von Kues, Philosophisch-Theologische Schriften III, Hamburg 2002 Freiburg 1967, 93–219, hier 121.

24 Alexander Kluge, zit. nach Andreas Beyer, Künstler, Leib und Eigensinn. Die vergessene Signatur des Lebens in der Kunst, Berlin 2023, 43.

25 Elisabeth Moltmann-Wendel, Ein eigener Mensch werden. Frauen um Jesus, Gütersloh 1980.

26 Blaise Pascal, Über die Religion, Fragment 1, a. a. O., 19ff; ders., Die Kunst zu überzeugen, Heidelberg 1963.

27 David Steindl Rast, Fülle und Nichts. Von innen her zum Leben erwachen, Freiburg 2005, 171f.

28 Friedrich Nietzsche, in: Kritische Gesamtausgabe von Colli – Montinari, Bd. 4, 118.

29 https://web.ecogood.org/de/idee-vision/theoretische-basis/

30 Haec mulier est divinitas. Das Gleichnis von der Frau mit der verlorenen Drachme in seiner Auslegungsgeschichte bei den Kirchenvätern und Hildegard von Bingen, in: Elisabeth Gössmann, Hildegard von Bingen. Versuche einer Annäherung (Archiv für philosophie- und theologiegeschichtliche Frauenforschung, Sonderband), München 1995, 150–162, hier 158–161.

31 Franz Kafka, Sämtliche Erzählungen, hg. von Paul Raabe, Frankfurt 1970, 171.

32 Nikolaus von Kues, Philosophisch-Theologische Schriften IV, Hamburg 2002, 2–179.

33 Friedrich Schleiermacher, Über die Religion. Reden an die Gebildeten unter ihren Verächtern (1799), Stuttgart 2019, 36.

34 Vgl. Jörg Lauster, Die Verzauberung der Welt. Eine Kulturgeschichte des Christentums, München 2020, 476–479.

35 Schleiermacher, Über die Religion, a. a. O., 50. Hervorhebungen im Original.

36 Schleiermacher, Über die Religion, a. a. O., 118f.

37 Franz Kafka, Die Zürauer Aphorismen, Frankfurt ²2016, 117.

38 Hilde Domin, Lieder zur Ermutigung II, in: dies., Gesammelte Gedichte, Frankfurt a. M. ⁶1987, 222.

39 Friedrich Nietzsche, „Einer hat immer unrecht, aber mit zweien beginnt die Wahrheit." Zitiert nach Friedemann Schulz von Thun, in: ders., Bernhard Pörksen, Die Kunst des Miteinander Redens. Über den Dialog in Gesellschaft und Politik, München 2021, 223.

40 Volker Gerhardt, Der Sinn des Sinns des Sinns, a.a.O., 193. Versuche über das Göttliche, München 2022, 193.

41 Ludwig Wittgenstein, Schriften V, Frankfurt 1970, 429.

42 Mascha Kaléko, In meinen Träumen, a.a.O., 70.

43 Zitiert nach: Horst Siebert, Die heitere Vernunft des Humors, Schwalbach 2012, 111.

44 Etty Hillesum, Ich will die Chronistin dieser Zeit werden. Sämtliche Tagebücher und Briefe, hg. von Pierre Bühler, aus dem Niederländischen von Christina Siever (Tagebücher) und Simone Schroth (Briefe), München 2023, 658.

45 Vgl. Klaus Hemmerle, Dein Herz an Gottes Ohr. Einübung ins Gebet, München 2014. Dort auch der Hinweis auf Augustinus, der zu Psalm 148 erklärt: „Gott hat sein Ohr an deinem Herzen."

46 Klaus Dörner u. a., Irren ist menschlich. Lehrbuch der Psychiatrie und Psychotherapie, Bonn 2002, 11.

47 An Ida Treat am 2.Oktober 1927, in: Teilhard de Chardin, Briefe an Frauen, hg. von Günther Schiwy, Freiburg 1988, 111f.

48 Tatjana Schnell, Psychologie des Lebenssinns, Berlin ²2020, hier 2.

49 Vgl. ebd., 9f.

50 Ebd., 38.

51 Ebd., 72.

52 Zitiert nach ebd., 75.

53 Vgl. zu diesem ganzen Abschnitt ebd., 70–76.

54 Ebd., 87–94.

55 Vgl. Gerhard Sauter, Was heißt: nach Sinn fragen? Eine theologisch-philosophische Orientierung, München 1982.

56 Dietrich Bonhoeffer, Widerstand und Ergebung, DWB 8, Gütersloh 1998, 573.

57 Theodor Haecker, Tag- und Nachtbücher, Innsbruck 1989, 143.

58 Marie Luise Kaschnitz, Auferstehung, in: dies., Überallnie. Gedichte, München ³1999, 203.

59 Robert Musil, Der Mann ohne Eigenschaften, Hamburg 1978, 16.

60 Ingolf U. Dalferth, Umsonst. Eine Erinnerung an die kreative Passivität des Menschen, Tübingen 2011.

61 Ebd., 233. Hervorhebungen im Text.

62 Peter Wild, Schritte in die Stille. Die große Schule der Meditation, Ostfildern 2011, 26f.

63 Augustinus, Confessiones/Bekenntnisse, hg. von Joseph Bernhart, München 1951,114f III 6,11.

64 Überliefert im apokryphen Thomas-Evangelium Nr. 82, in: Das Neue Testament und frühchristliche Schriften, hg. von Klaus Berger und Christiane Nord, Frankfurt 1999, 663.

65 Simone Weil, Das Zeugnis für das Gute, München 1990, 44.

66 Anthony de Mello, Was weiß der Frosch vom Ozean. Weisheit für Kopf und Herz, Freiburg 2002, 59. Vgl. weitere Sammlungen von Weisheitsgeschichten von de Mello, aber zum Beispiel auch von Martin Buber, Jorge Bucay, Willi Hoffsümmer, Nossrat Peseschkian.

67 Michael Klessmann, Ambivalenz und Glaube, Stuttgart 2018, 174. Vgl. insgesamt die Zusammenfassung der „Ambiguitäten und Ambivalenzen in Auslegungsvollzügen" in der jüdisch-christlichen Tradition auf den Seiten 155–175.

68 Simone Weil, Cahiers/Aufzeichnungen IV, München 1998, 134.

69 Blaise Pascal, Über die Religion, Fragment 670, a. a. O., 305.

70 Etty Hillesum, Chronistin, a.a.O., Tagebucheintrag 12. Juli 1942, 620.

71 Johann Wolfgang von Goethe, Zahme Xenien 3. Buch, in: Werke (Winkler). Gedichte, München 1992, 279.

72 Meister Eckhart, Predigten, hier Predigt 12, in: ders., Werke I, hg. von Niklaus Largier, Frankfurt ²2020, 149. Hervorhebungen im Text.

73 Daniele Hervieu-Leger, Pilger und Konvertiten. Religion in Bewegung, Würzburg 2004.

74 Herbert Marcuse, Triebstruktur und Gesellschaft. Ein philosophischer Beitrag zu Sigmund Freud, Frankfurt 1965, 190.

75 Friedrich Nietzsche, Jenseits von Gut und Böse II. Hauptstück 4 Nr 168, Werke in 3 Bänden, hg. von Karl Schlechta, München 1966, 639.

76 Karl Marx, Friedrich Engels, Die deutsche Ideologie, zitiert nach „Sinnlichkeit, sinnlich", in: Histor. Wörterbuch der Philosophie 9, Basel 1995, 895.

77 Hans Peter Dreitzel, Reflexive Sinnlichkeit I: Emotionales Gewahrsein, Bergisch Gladbach 2007, 9.(Vorwort zur neuen Auflage)

78 Ang Lee Seifert, Theodor Seifert, Intuition. Die innere Stimme, Düsseldorf 2006, 53.

79 Emmanuel Levinas, Die Spur des Anderen, Freiburg ⁴1999, 228.

80 Ebd., 235.

81 Christian Lehnert, Cherubinischer Staub. Gedichte, Berlin 2018, 27.

82 Beginn eines moderneren Kirchenliedes. Vgl. Evangelisches Gesangbuch Nr. 665 (Regionalteil Baden u. a.), Text von Michel Scouarnec (1973), ins Deutsche übertragen von Diethard Zils (1981).

83 Vgl. das Gotteslob Nr. 344.

84 Alfred Delp, Gesammelte Schriften IV, Frankfurt 1984, 299.

85 Bernhard von Clairvaux, Sämtliche Werke I, Innsbruck 1990, 633.

86 Dietrich Bonhoeffer, Widerstand und Ergebung, a. a. O., 26.

87 Michael Ende, Momo, Stuttgart ¹⁸1973, 36. Nächstes Zitat ebd., 37.

88 Simone Weil, Fabriktagebuch, zitiert nach: Schönheit spricht zu allen Herzen. Das Simone-Weil-Lesebuch, hg. von Otto Betz, München 2009, 59.

89 Uwe Timm, Römische Aufzeichnungen, Köln ³2010, 40f.

90 Ebd., 122f.

91 Wilhelm Willms, Meine Schritte kreisen um die Mitte: Neues Lied im alten Land, Kevelaer 1984.

92 Abraham J. Heschel, Die ungesicherte Freiheit, Neukirchen-Vluyn 1985, 97ff.

93 Viktor E. Frankl, Der Mensch vor der Frage nach dem Sinn, München ²⁴2011, 145.

94 Madeleine Delbrêl, Gebet in einem weltlichen Leben, Einsiedeln 1974, 82. Das folgende Zitat ebd.

95 Martin Buber, Die Erzählungen der Chassidim, Zürich 1949, 385.

96 Meister Eckhart, Reden der Unterweisung, Meister Eckhart Werke II, Frankfurt 1993, 341.

97 Vgl. Dorothee Sölle, Die Hinreise, Stuttgart 1975, 108. Dort ist der ganze Text zitiert.

98 Etty Hillesum, Ich will die Chronistin dieser Zeit werden, 3. Juli 1942, a. a. O., 585. Das folgende Zitat vom 9. Juli 1942 ebd., 613. Hervorhebung im Text.

99 Platon, Theaitetos, 149A.

100 Peter Knauer, Ignatius von Loyola. Gott finden in allen Dingen, in: Josef Sudbrack, Zeugen christlicher Gotteserfahrung, Mainz 1981, 113–131, hier 128.

101 Zu diesem Zitat des Zukunftsforschers Matthias Horx vgl. https://www.rnd.de/lifestyle/regnose-wie-der-blick-in-die-vergangenheit-uns-fuer-die-zukunft-ruestet.

102 Maja Storch u. a., Spirituelles Embodiment. Stimme und Körper als Schlüssel zu unserem wahren Selbst, München 2021, für das Folgende darin: Stefan Klöckner, 191ff: Der Antrieb ist die Sehnsucht und der Treibstoff die Hoffnung.

103 Ebd., 194.

104 Ebd., 197. Dieses Zitat stammt vom slowenisch-kroatischen Theologen Peter Kuzmič.

105 Experimentum crucis, in: Viktor E. Frankl, Der Mensch vor der Frage nach dem Sinn, a. a. O., 163.

106 Dag Hammarskjöld, Zeichen am Weg, Stuttgart ³2015, 212 (Tagebucheintrag Pfingsten 1961).